粕谷昌良の
「考えたくなる」
社会科授業

粕谷 昌良 著

明治図書

社会科とは何を学ぶ教科なのか

　私の勤務する小学校は東京都内にある。都内の海岸では，夏になるといくつかある砂浜で足を浸して涼をとる人々を見ることができる。お台場海浜公園，城南島海浜公園，葛西海浜公園は美しい景観と相まって，東京都３大ビーチと呼ばれることもある。児童にとっても親しみがある場所である。しかし，これらは「人工の砂浜」であることを知っている児童は少ない。

　現在23区の海岸線は全て埋め立てられている。地図帳や航空写真を見ると直線と角が織りなす人工的な海岸線が，人の手によって埋め立てをされたことを物語る。23区から自然の砂浜が消えたのは，今から70年ほど前，葛西の漁師が漁業権を放棄したことが最後だという。埋め立てによって，東京港は日本経済を支える港へ，東京都は世界屈指の大都市として成長していくこととなって現在に至っている。このまちに住む市民の中に，このような過去を振り返る人は少ない。

　しかし，自然にあふれていた頃の東京湾を懐かしむ人もいる。元漁師の家庭に生まれ，少年時代を葛西の海で過ごした関口雄三さんとふるさと東京を考える実行委員会の方々は，幼い日を広大な干潟が広がる東京湾で過ごした。自然と接することで，自然の豊かさや偉大さだけでなく，おそろしさ，そしてたくましく生きる知恵を学んだという。成人となり，すっかり埋め立てられたふるさと葛西の海岸線を見て，関口さんは東京湾に海水浴場を取り戻そうと一人活動を始める。次第にその輪が大きくなり，葛西海浜公園の水質は改善していく。そして，ついに2013年およそ50年ぶりに葛西海浜公園に海水浴場が復活した。関口さんはメディアの取材に応じて「ふるさとの葛西の海で子供を泳がせることができなかった。しかし，今日，孫に泳がせることができました。感無量です」と応えた。

　私の学級の児童（第３学年）は，このような関口さんの活動を学ぶととも

に，自分たちも葛西の海でカニを釣るなど自然と触れ合い楽しい時間を過ごした。教室の誰もが「自然は大切だ」「どうして埋め立てをしたの？」と，関口さんに共感して学んでいった。

　次に児童は，今から70年前，埋め立て前夜の東京湾を学習した。そこで一人の人物にたどり着く。当時の東京都港湾局の局長であった奥村武正さんの決断である。奥村さんは，人口増加や工場用地の不足，貿易のための港湾施設の整備など，将来の東京都の発展を考えて，やむなく葛西の漁師たちに漁業補償を出して漁業権を買い取り，東京湾の埋め立てを決断する。

　児童は，学習当初は，関口さんに寄りそうつもりで「どうして埋め立てられたのか？」調べていた。しかし，東京湾を埋め立てた奥村さんの立場や考えを知ると，とても奥村さんを悪者にすることができなくなった。**簡単には白黒をつけられない社会問題を目の前に，児童は考えに考え，**そして，ノートにつぎのように力強く書いたのであった。

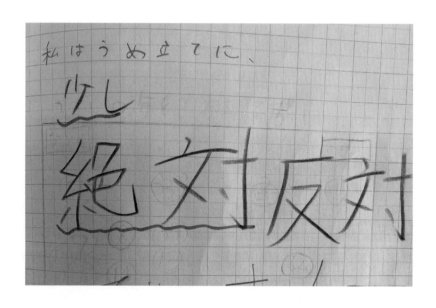

　「少し，絶対反対」という言葉は，文法的には間違った記述である。しか

し，児童が関口さんにも，奥村さんにも共感し，1つの社会事象を多角的に考察していることが伝わってくる……。児童はより良い東京湾のあり方について考えを深めていった。ある児童は水質浄化の方法を図書館で調べノートにまとめ，またある児童は葛西の海にしばしば行くようになった。（この実践は第2章実践編で詳しく述べる）

　社会科とは何を学ぶ教科なのだろうか。**社会科では，誕生から今日まで受け継がれている目標がある。それは「公民的資質の育成」である。**それは，未来の社会を担う児童に，より良い社会を作っていこうとする気持ちと能力を育てることであろう。

　私たちの生きる社会は，地球温暖化や少子化や過疎化，世界に目を向ければ貧困や戦争など，解決が難しい問題が横たわっている。将来の主権者たる児童には，それら簡単には解決できない社会問題を考えていってほしいと言うことである。そして，何か自分にできることがあれば勇気を出して取り組んでほしいという願いが社会科教育にこめられているのではないか。

　しかし，これはとても難しいことでもある。単純な知識や技能ではなく。思考力も判断力も，そして学びに向かう力の育成も問われているからである。すなわち，資質・能力の育成である。多様性の溢れる今日，そして未来を生き抜いていく児童には，1つの価値観にしばられることなく，多様な価値観を理解し，多くの立場の人々が幸せになる決断をしていく力が必要であろう。そのために，**1つの社会事象を2つ以上の立場から考えること**を大切にしたい。そうすることで，多様な価値観を受け入れる視野の広さと他者へのあたたかい眼差しが育つと考えている。

　難しい目標であるが，それを考えていくことが私たち教師にとってのやりがいであり，わたしたちにしかできない尊い仕事ではないか。**児童が進んで考えたくなり，公民的資質の育成に少しでも届く社会科授業を行うための具体的な方法**と，社会への希望と人を見つめるあたたかさを持った児童の育成に少しでも役に立てればと考え本書を執筆した。

2 問題解決的な学習の実践上の課題

　私たち教師が，社会科授業を実際に行うとなると難しいと感じる点が多いという。それは，「国立教育政策研究所学習指導要領実施状況調査社会科」の調査からもわかる。（下図）

② **教師質問紙調査**

教師質問紙調査	学年	回答の割合（％）			
		（そうしている）行っている	どちらかといえば（そうしている）行っている	どちらかといえば（そうしていない）行っていない	（そうしていない）行っていない
児童の疑問を引き出すような資料提示の方法を工夫していますか。	第4学年	15.3	69.7	14.9	0.0
	第5学年	19.3	63.8	17.0	0.0
	第6学年	22.2	59.6	17.2	0.6
学級全体で追究，解決する問題（学習問題）を決めて授業を行っていますか。	第4学年	26.0	56.4	16.8	0.8
	第5学年	27.2	54.4	17.3	1.1
	第6学年	26.8	53.5	18.4	1.0
児童が予想に基づいて調べる計画を立てるよう指導していますか。	第4学年	12.5	57.1	30.5	0.0
	第5学年	9.2	52.4	35.8	2.4
	第6学年	12.1	50.1	35.3	2.1
児童が自分で資料や情報を探して調べるよう指導していますか。	第4学年	30.0	57.2	12.9	0.0
	第5学年	27.9	53.7	17.7	0.8
	第6学年	35.4	49.4	13.6	1.0
調べたことについて，どのような特色や意味があるかを考えるよう指導していますか。	第4学年	25.6	61.6	11.1	0.4
	第5学年	20.2	68.1	11.3	0.4
	第6学年	20.4	65.9	11.6	1.3
調べたことや考えたことについて，根拠や理由を説明するよう指導していますか。	第4学年	33.3	56.0	10.2	0.4
	第5学年	32.9	56.0	10.5	0.7
	第6学年	32.4	51.2	15.5	0.5
問題やテーマを決めて，討論する授業を行っていますか。	第4学年	4.5	25.5	56.8	12.8
	第5学年	10.1	24.9	51.8	13.2
	第6学年	6.7	29.0	51.4	12.2
社会科の授業を展開する中で，他の立場から考えたり他の情報と比べたりして，考えるような授業を行っていますか。	第4学年	11.3	52.9	31.9	3.4
	第5学年	13.6	57.0	27.5	1.9
	第6学年	16.7	54.8	27.7	0.3
学習のまとめやふり返りを文章で書かせるよう指導していますか。	第4学年	31.5	39.9	18.7	9.9
	第5学年	27.5	35.6	24.7	12.2
	第6学年	31.8	35.5	22.3	9.9

↑国立教育政策研究所学習指導要領実施状況調査社会科（太枠筆者）

ここから挙げられる実践上の課題は以下のようになる。

課題
1　疑問を引き出す資料（問いをつくる）
2　予想に基づいて調べる計画を立てる（調べる）
3　テーマに基づいて討論する（深める）
4　他の立場から考えたり，他の情報と比べたりする（多角的に考える）

　これら4つの課題は，（　　）内に示したように，問題解決的な学習展開全体にわたっている。そのため，問題解決的な学習は，1つの手立てを用いればうまくできるというわけではない。それは，授業者の指導技術と教材の面白さ，そして児童の情意など，**一つの授業を構成する要素が多岐にわたっているからである。**

　例えば，導入場面において，教材が練られたものであったとしても，教師の発問が焦点化されていなかったら児童は課題を見出すことができないし，教師の発問が簡潔で明瞭だったとしても，教材が児童の情意を揺さぶるものでなかったとしたら，形式上は授業が流れたとしても，**問題解決的な学習において鍵を握る，児童の内面からの追究意欲「考えたい！」という気持ち**は芽生えない。

　このような点を踏まえ，授業者・教材・児童の3点に焦点を当てながら，児童が「考えたい！」と追究意欲を持って問題解決にあたるための「実践から導き出した理論」とその理論に沿って構成した「実践」を述べていくことにする。

目　次

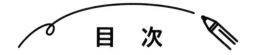

第2章 実践編

第1章

理論編

考えたくなる教材づくり

―教材研究：社会事象という素材から教材を生み出す！―

① 教材研究とは何か？

「教材」とは，

> 教育の目標を達成するためにさまざまな文化の中から選ばれたり新しく
> つくりかえられたりしてできた素材のこと
> （株式会社平凡社『世界大百科事典 第2版』より）

とされる。「文化の中から選ばれたり新しくつくりかえられたりしてきた」という記述について，「文化」を「社会事象」と言い換えるとわかりやすい。すなわち，世の中に数多ある社会事象の中から，児童の学びにふさわしいものを選びだすとともに，児童が学びやすいように作り変えていくことだと考える。このことを踏まえ，筆者は教材研究を以下のように捉えたい。

> 「社会の中から選んだり，社会の変化に合わせてこれまでの教材を新し
> く作り替えたりして，児童の追究を促せるよう編成すること」

　さて，最初に教材研究の例として，有田和正の作り上げた「ネタ」❶を取

---

❶ ワード 有田和正

有田氏はネタを「おもしろくて，学習したくなり，それを学習しているうちに，基礎的な内容
が本当の『知識』として身につき，その過程で『学習法』も身につく，というものである」と
『「ネタ」を生かす授業づくり』明治図書，1988で述べている。

り上げる。有田氏「ネタ」とよばれる独自の教材を多数生み出し，児童を夢中にさせる授業を数えきれないほど生み出してきた。そんな，有田氏の教材研究に対する考え方について，関浩和氏の分析がとてもわかりやすい。関氏は有田氏の210ものネタを分類整理し以下の表を作った。

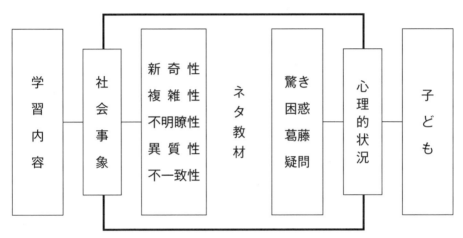

図1 「ネタ」教材の基本形態（関浩和氏作成）

　この表を見てわかるように，有田氏はネタ（教材）を学習内容と児童の中間に位置するものとして捉えていることが分かる。学習内容，すなわち教える側の都合だけでは，児童は面白いと思わないだろう。それとは逆に，児童の面白さだけを追究したのでは，社会科学習としての目標を達成できない。児童の興味・関心を引きながら，社会科の学習内容を含んでいるという，２つの条件を満たす必要がある。その要素を**社会事象の面と児童の心理的状況の面の２つの面**から捉えていることがわかる。

　図を詳しく見ると，社会事象の側からは，「新奇性」「複雑性」「不明瞭性」「異質性」「不一致性」と言う要素を取り出していることがわかる。児童の心理的な面からは，「驚き」「困惑」「葛藤」「疑問」の要素を挙げている。そして，学習内容と児童の心理的状況を踏まえて構成した教材を「ネタ」と呼ん

でいることがわかる。

　このように，**教材開発をするにあたって，社会事象の側面と児童の心理的な側面の２面から考える**ことが重要である。

　筆者も社会科授業に取り組んできた一人として，自分なりの教材開発の方法論を形成し，それに沿って教材研究を行ってきた。大きく分けて２段階である。

　ステップ１として，教師の立場から検討する。

　ステップ２として，児童の立場から検討する。

という２つのフィルターにかけて教材を作ってきた。

　今回は，ステップ１を「**広げる教材研究**」，ステップ２を「**しぼる教材研究**」としてお示しする。

② ステップ１：広げる教材研究

　教材になる可能性のある素材を集める「広げる教材研究」において，学習内容を満たし，教材として成立するかどうかの最初の判断は，『小学校学習指導要領（平成29年告示）社会科編』の各学年の学習内容と，P150，151にある「小・中学校社会科における内容の枠組みと対象」に当てはまるかを検討している。

　この図では，社会科単元の領域の枠組みが，「**地理的環境と人々の生活**」「**現代社会の仕組みや働きと人々の生活**」「**歴史と人々の生活**」の３つに分けられている。同じ災害でも，４年生は「現代社会の仕組みや働きと人々の生活」に，５年生は，「地理的環境と人々の生活」に位置していることがわかる。そのため，自助・共助・公助は４年生の学習内容で，地震の多い国土であるという認識は５年生での学習になる。また，この図では，一つの単元が，一つの領域の学習に限定されているわけではなく，いくつかの領域に関わっていることや３つの領域との関連の軽重などがわかりやすく示されているので，ぜひ一度ご覧いただきたい。同様の方法としては，教科書の目次に示さ

れた単元をもとに、社会事象がどの学習に当てはまるか検討することもできる。このように、見つけた素材がどの領域にあたるのかを知ることが大切である。

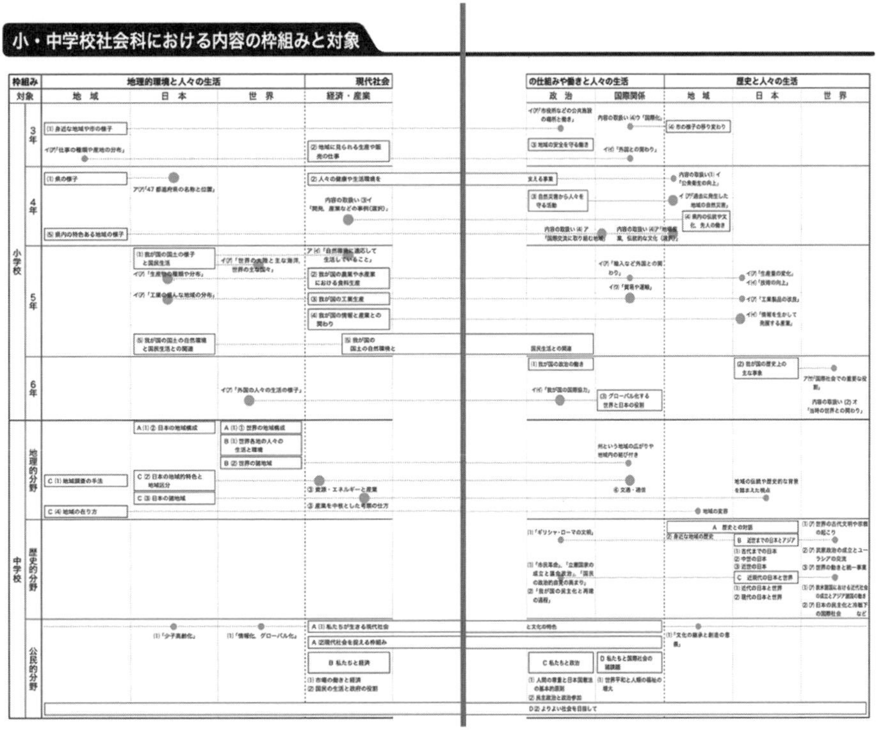

小・中学校社会科における内容の枠組みと対象

図2 『小学校学習指導要領（平成29年告示）社会科編』P150, 151
「小・中学校社会科における内容の枠組みと対象」より

　筆者の社会的事象の出合い方は、新聞を読むことを大切にしている。次にニュース番組、インターネットニュース、月１回の本屋散策である。新聞は気になった記事を切り抜いて保管している。新聞から記事を切り抜くときに、この表のどこに当てはまるかを判断の基準としている。そして、切り抜いた新聞記事は、学年ごとのフォルダーに入れている。そして、授業の準備をす

る段階になると切り抜きの中から，適切な社会事象を選んでいくのである。

　その時に，関氏による有田氏のネタの分析では「新奇性」「複雑性」「不明瞭性」「異質性」「不一致性」と５つを取り出しているが，私はこれを前提として，**社会的価値創造を大切にしている**。

　社会的価値創造とは，社会的問題を解決するだけでなく，**持続可能な発展につながる取り組み**のことである。代表的な例をあげると，「福島のおコメと風評被害」の授業では，風評被害の克服には，科学的に安全とされても，人の心の安心は必ずしも得られないという，自分とは異なる判断をする**他者理解，多文化共生**という人間相互の繋がりの大切さなどである。また，かつて宮城県の気仙沼を襲った赤潮被害を克服した畠山重篤氏の「森は海の恋人」の授業では，海の環境改善のために山に木を植えるという先駆的な取り組みだけでなく，森づくりによって流域の人々の**コミュニティーの形成**をしていくという視点などである。いずれも将来を生きる主権者である児童にとって欠かせない価値創造が含まれている。

　社会的価値創造の例を挙げると以下のようになる。

・異なる文化や価値観，生活経験を経ている他者との共生
・人と人がつながるコミュニティの創造
・くらしの便利さに加えて，心の豊かさにつながる活動
・地域の伝統文化や歴史遺産を維持することに加え，それを生かした地域づくり
・人々の主体的な意思が社会の創造に生かされている取り組み
・一人ひとりの権利と考えが尊重される社会へ向けての取り組み

　生態系の創造など，理科的な面を含めれば社会的価値の創造は一層広がりを見せるだろう。現在の社会科教科書の事例でも，社会的価値創造を含んでいるものは多数ある。例えば，教育出版の教科には，前掲の「森は海の恋人」の事例が取り上げられて久しい。環境に配慮した自動車工場や生産者の

顔の見える農産物，6次産業化❷など，特にまとめや発展の多数の事例が掲載されている。

　このような社会的価値創造につながる社会事象をどの学年のどの単元かをイメージしながら集めていく。しかし，この段階では，まだまだ素材と言って良い。このような素材が集まったら，次に児童の立場に立って，追究意欲を高められるのか検討していくのである。それが**しぼる教材研究**である。

③ ステップ2：しぼる教材研究

　しぼる教材研究は，社会事象の中から教材としてふさわしいと判断した**素材を磨き上げて児童が意欲的に追究していく教材に仕上げていく**作業である。しぼる教材研究とはどのようなものか具体的に述べていく。

　広げる教材研究で選んだ素材は，社会的価値創造に適合する教材を選んでいるので，学習内容に当てはまるという条件はクリアしている。しかし，これをそのまま児童に投げかけてしまうことは避けなければならない。**社会科の本質を捉えているからと言って，それが児童の興味を引き，主体的な学びにつながるとは限らない。**そこで，児童の立場に立っての教材研究が必要になる。

　関氏のネタ分析では，児童の心理的な面から「驚き」「困惑」「葛藤」「疑問」をあげているが，私は，「驚き」「喜び」「悲しみ」「怒り」など人として避けられない**「情意」**の動きと，使命感や責任感と言った**「規範意識」**を引き起こせるかを大切にしている。社会事象を追究する上で，**追究の原動力となる児童の情意や規範を刺激したい。**以上のことを，私なりにまとめると下記の図になる。

---

❷**ワード**6次産業化とは，農林漁業者（1次産業）が，農産物などの生産物の元々持っている価値をさらに高め，それにより，農林漁業者の所得（収入）を向上していくこと。言葉の6は，農林漁業本来の1次産業だけでなく，2次産業（工業・製造業）・3次産業（販売業・サービス業）を取り込むことから，「1次産業の1」×「2次産業の2」×「3次産業の3」のかけ算の6を意味している。（農林水産省HPより）

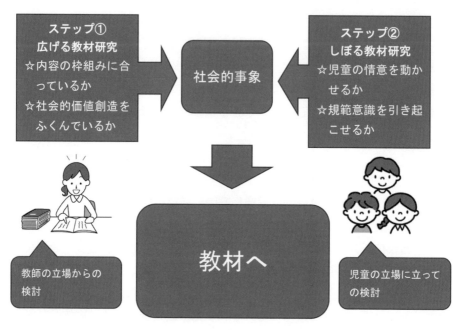

図3　社会的事象から教材へのステップ

　このように教師の立場から検討するとともに，**児童の立場になって**教材に
仕上げていくのである。規範意識というのは，小学生児童らしい責任感や正
義感，公平感といった意識であり，道徳意識と言い換えても良い。これらは
驚きや悲しみ，怒りといった情意のもとになることが多い。

　私の所属する小学校社会科授業づくり研究会の著書『子どもの追究力を高
める教材＆発問モデル』（明治図書）では，情意を動かす手立てと視点を以
下の手立てを示した。

①経験をくつがえす
②数量的な驚きを呼び起こす
③怒りなどの心情に訴える
④多様な見方・考え方
⑤価値の対立を引き起こす

　参考にしてほしい。ステップ１，ステップ２を通して選ばれた教材は，写真や文章，グラフなどを組み合わせることで，児童の追究意欲を高めることができる。第２節で情意を揺さぶる教材の作り方を具体的に示す。

☝ ポイント

✓ 教材開発は社会事象の側面と児童の心理的な側面の２面から考える。
✓ ステップ1「広げる教材研究」：社会事象の中から，①学習指導要領の内容に合っているか②社会的価値の創造にあてはまるかというフィルターに通して，教材に適した素材を集める。
✓ ステップ2「しぼる教材研究」：児童の気持ちになって，情意と規範意識を刺激して追究意欲が高まるようにする。

教材を磨く
―児童の情意を揺さぶる教材に仕上げる―

(1) 児童の情意を揺さぶる資料をつくるとは？

　驚き，困惑，葛藤，疑問など，児童の情意を動かせるかどうか。学習のきっかけは児童の情意を動かす必要がある。『教育研究』2023年2月号で，藤井千春は，教科の本質へ向かう手立てとして

> 「情動の発生を受けて，（学習）活動は知性的・論理的に展開されていく」

と述べている[ii]が，私たちが何かを始めるとき，時間を忘れて没頭しているとき，上手くなるために論理的に追究したり，分析したりしているとき。そのような学びの場面で人の理性的な追究を支えているのは，間違いなく情意なのである。私たち教師と児童がともに作り上げる授業において，児童が夢中になって探究したり，白熱した議論をしたりする場面に出合うが，これらは，授業者が意図的に，児童の情意を揺り動かす手立てをとった結果である

ワード 情意

日本で最も歴史のある民間教育研究団体「社会科の初志をつらぬく会」の代表的な実践である「福岡駅」の授業者谷川瑞子は，児童の認識の変化について，「わかるという事，理解するということは大切だと思う。そして，その理解は，むりにつめ込まれたものではなく，あくまで子どもの心情を揺り動かし，しみじみとしたもので受けとらせ，子ども自身の力で外に開くもの」とし1957年の日教組研究集会において，この児童の認識の変化を「感動的理解」という用語を使って説明している。

ことに疑いはない。

　では，教材研究をしたり，取材をしたりして獲得した素材を児童の心情が揺さぶられるように組み立てる実際を説明していく。

② 写真を使った資料作成の事例

　例えば，「①経験をくつがえす」方法を考えてみることにする。３年生のスーパーマーケットの実践である。

　下の写真①写真②を見たら児童はどのような反応を示すだろうか。

　　　　↑写真①　　　　　　　　　　　↑写真②

どこにでもありそうな，ふつうスーパーマーケットだね。

おいしそうなものがあるけど，中も特に変わったところがないね。

　目立った特徴のないスーパーに見えるかもしれない。児童の反応は薄いだろう。そこで，「朝行くとこんな感じでした」と言って写真③を見せる。児

童は「エー」と驚く。さらに「夕方行ったらこんな感じでした」と写真④を見せる。児童は「売り切れじゃん！」「空っぽだ」と声を上げる。そして，「どうしてこんなに人気なの？」と呟きが聞こえてくる。教室の誰もが同じ気持ちである。**児童の経験がくつがえされた瞬間**である。**情意が揺さぶられ学級が一つになる学習問題**が生み出される。

↑写真③

↑写真④

どうして？
普通のスーパーに見えるのに行列が！

たなに，商品が一つもないよ！

　児童はこのスーパーが人気の秘密を調べようと見学に行きたいと言ったり，インターネットで調べたり，普通のスーパーと比べたりと追究活動が展開されていく。**驚きという情意がその後の理性的な追究を生み出すのである。**

　ここで，筆者の細部へのこだわりがある。なるべく，アングルを同じにするということで，児童が比較しやすくする。黒板に並べるときも対応させるようにしたい。小さな積み重ねや，板書の見やすさにこだわりたいが，この点は後述する。

③ 写真とお話を使った事例

　もう一つ，例を示す。4年生の地域の発展につくした先人の単元で，関東大震災の復興にあたった後藤新平の教材化の具体例を示す。

日本橋地区９９．３％
浅草地区　　９６．４
本所地区　　９４
京橋地区　　９３．３
神田地区　　９１
東京市全体の４２％

↑図1

ワード 後藤新平

1857年から1929年。医師，政治家。医師としての経験や台湾総督府民生長官，南満州鉄道総裁などを歴任した経験から，公衆衛生や都市計画の重要性を理解し，関東大震災後に内務大臣，都市復興委員総裁に就任し，東京の復興にあたる。江戸時代から木造家屋が多く，道路の幅が狭いことなどから，たびたびの火災に悩まされてきた東京を近代的な都市に再建しようと復興計画を立てるが，規模の大きさなどから反対を受け，4ヶ月足らずで職を辞する。進平の復興計画は，東京市長に就任した永田秀次郎ら部下や市民の協力によって一部実行に移されていく。隅田川にかかる橋や復興小学校として現在も残る。

亡くなった人

○東日本大震災　２０１１年
１８４５５人

○関東大震災　　１９２３年
１０５３８３人

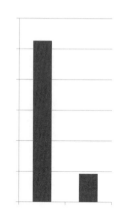

↑図2

　図１，図２で，児童は関東大震災の被害の大きさを知ることができる。これらの図やグラフは一目見ただけで内容がわかる。客観的な事実である。90％以上の家屋が焼けてしまった隅田川沿岸の地域や東日本大震災と比べてもたくさんの方が命を落とした大災害であったことがわかる。しかし，これだけではあくまで「数字のインパクト」でしかない。**社会科事業で必要なことは，その数字の持つ社会的な意味を感じることができるかということである。すなわち，数字の裏に隠された人々の気持ちを児童が感じることができるか**ということである。

　読者の皆様も，ぜひ立ち止まって考えていただきたい。図２をクラスの児童が見たときに，一番言ってほしくないことはどんなことだろうか。それは，「関東大震災に比べたら，東日本大震災は小さい災害だな」というような発言ではないだろうか。人の命の重さを，多数，少数で判断するような言葉である。しかし，これは児童の素直な感じ方であり，このような発言をさせてしまう筆者を含む教師の側に，もう一歩指導に対して配慮が必要なのだと考えている。それは，**「１」という数字がただの数字ではなく，命を持った人を表している**ということを伝えることである。

この場面で，私は関東大震災当時，７歳であった方が，その時の様子を語った動画を児童に見せる。
　動画での語りは下のようになっている。

　Ａさんは当時７歳だったあの日，昼食を待っていると経験したことのない激しい揺れに襲われました。揺れが収まると両親と祖母，幼い兄弟と家族７人で避難したのは，近所の被服廠跡地でした。
「近所の人たちもあそこなら安心だからって皆さん集まりだして。七輪を持ってきた人もいて，火を起こして食事をしている人もいました。」
皆夕方には帰宅できるだろうと思っていました。しかし，地震から４時間後，何かがうなるような音がしました。それと同時に大きなつむじ風が起こり，家族を巻き込みました。
「ううううーとへんなうなり声がして，荷物も飛んでるし，自転車も飛んでいるのが見えました。あんなものが持ち上がるとは思わないものね。」
　Ａさんはたまたまひざくらいまである水の中に落下し，一命をを取り留めました。しかし，祖母と兄弟の行方は，それ以来わからなくなりました。
「みんな放心状態でしょうね。ただ，私が覚えているのは，通りながら「水，水くれ」って言って，走りながらまげ（髪の毛）が燃えてしまっていて，まげには油がいっぱいついているので，走ると余計に燃えてしまって，そのまま前に倒れてそれきり。歩くのにも，人の死んだ上を「ごめんなさい，ごめんなさい」って人の上でもなんでも乗らないと歩くことも逃げることもできない。」
結局，祖母と兄弟の遺体は見つかりませんでした。仕方なく，焼け跡からお茶碗のかけらを骨壷に納めました。
「あんまり考えないね。放心状態でした子供でもね。それから１月くらい経ってから悲しくなってきて。今でも昨日みたいな気がします。いつも昨日のことみたいに思い出します（涙）」

児童は，関東大震災で被災された方の心情を知ることで，先ほどの数字は人一人の犠牲者を表していることを想像できるようになる。そして，亡くなった方の家族はその何倍もいること，残された家族の気持ちを想像していく。あえてこのことを図示するとすれば，以下のようになる（図3）。**眼に見える数字の影に隠れた人の心情を理解することで，より深く社会を認識することができるようになる。**

　この時，被災された方は，仮の住まいとして瓦礫の中から材料を選んでバラックを立てて生活していたことを知る（図4）。このような東京を襲った空前絶後の状況で，後藤新平は復興を担当することになり，計画を進めていく。その時の様子を文章で示す（図5）。

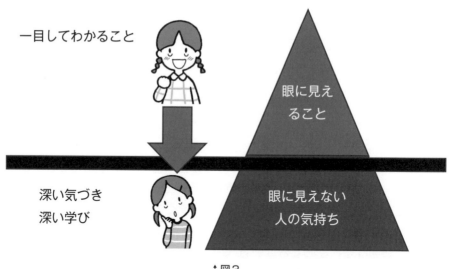

一目してわかること

眼に見えること

深い気づき
深い学び

眼に見えない
人の気持ち

↑図3

↑図4

「私は復興事業については自分で当たるよりほかはないと決心しました。私に直接させるようにしたのは東京市民の後援であると思っております。先に東京市長であったのはわずかな間でありますが，東京市民諸君のご好意をいただきました以上。これに報いる道を取らざるを得ないとわたしに決心させたのであります。この大震災に当たって，努力のいかんにかかわらず，東京市民の後援をあったならば，いかなる難事であっても成し遂げえると考えたのです。私は内務大臣になることを，8月28日に約束していたのではありません。ただ，あの震災が私に内務大臣になるようにしたのです。」

↑図5

しかし，進平の復興計画は上の図のように反対を受けることになる。

後藤の復興計画には**反対**である！

　児童は，「どうして反対したの？」「市民が困っているのに？」という発言をするが，一方で「反対するには理由があるんじゃないか？」「進平の復興計画がわからないから，調べようよ」という発言も出てくる。このようにして，「どうして新兵の復興計画は反対されたのか？」という学習問題ができ，追究していくことになる。クラスの子どもたちの思いは一つになる。

　このように，図と写真と文章を組み合わせることで，児童は一見しただけではわからない，グラフや数字の意味，そして，人の心情に触れることができる。そして，情意を動かすことで，その後の理性的な追究が生まれていく。

ポイント

✓ 素材（グラフ，図，文章）を組み合わせて教材とし，児童は一見してはわからない事実に気づく。

✓ 目に見える数字の影に隠れた人の心情を理解することで，より深く社会を認識することができるようになる。

歴史は「覚えるもの」から「考えるもの」へ！
「卑弥呼はどれだ?」(6年生)

　歴史の授業というとどうしても暗記するものと考えている児童が少なくない。そのため，歴史があまり好きではないという児童もかなり多いのではないか。そこで，歴史は覚えるものではなく，事実を元に自分なりに考えていくものだということを実感してもらう手立てを紹介したい。

　世の中に数多ある卑弥呼像のどれが本当の卑弥呼に近いのか考えていくことで，自分なりの歴史を作っていく楽しさを味わう授業である。

　最初に「卑弥呼はどれか」と本時の学習問題を投げかけ，事前に用意した教科書や資料集，インターネットから手に入れることのできる様々な卑弥呼を6枚を黒板に並べる。児童一人ひとりに6枚の写真の中から，最も卑弥呼にふさわしいと思うものを選んでもらう。次に，選んだ理由も述べてもらう。最初にどれが卑弥呼に近いのか子どもたちに決めてもらう。加えて選んだ理由も述べてもらう。多くは左端の卑弥呼を選ぶ。理由は「教科書や資料集に載っているから」という意見である。他の卑弥呼も選ばれるが選ぶ児童は少ない。選んだ児童は「占いをやっていそうなものを選んだ」「カリスマのありそうなものを」などと意見を述べる。

　次に，卑弥呼についての記述がある『魏志倭人伝』の原文にあたって検討するように提案する。難解ではあるが子どもたちは本物を見極めようと真剣に読み解く。すると原文の中に「年已に長大」(大変年をとっている)とあり，卑弥呼は相当の年長者であることがわかってくる。これをきっかけに一番年長に描かれている画像の卑弥呼への選択があつまるが，ダウトをかける児童が現れる。「当時の平均寿命は短いはずだ。30歳くらいでも年已に長大ではないか」と。

　私もその意見が出ることを想定していたので，時代ごとの平均寿命の資料を配布して検討する。

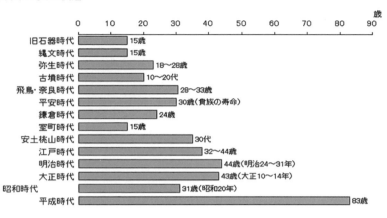

日本人の寿命の変遷

旧石器時代	15歳
縄文時代	15歳
弥生時代	18〜28歳
古墳時代	10〜20代
飛鳥・奈良時代	28〜33歳
平安時代	30歳(貴族の寿命)
鎌倉時代	24歳
室町時代	15歳
安土桃山時代	30代
江戸時代	32〜44歳
明治時代	44歳(明治24〜31年)
大正時代	43歳(大正10〜14年)
昭和時代	31歳(昭和20年)
平成時代	83歳

（資料）「寿命図鑑」いろは出版（2016年）

　なるほど，縄文時代よりは伸びたとはいえ当時の平均寿命は現在よりずっと短い。児童の多様な解釈が生かされ様々な卑弥呼像が選ばれていく。児童の中には「衣装も検討したらいいんじゃなか」と主体的に調べる児童も出てきて，弥生時代への理解が深まってくる。歴史は覚えるものではなく，自分で考えて作り出すものであるとういうことを児童に感じてもらうと，その後の児童の授業へ取り組む姿勢が変化していくのではないか。

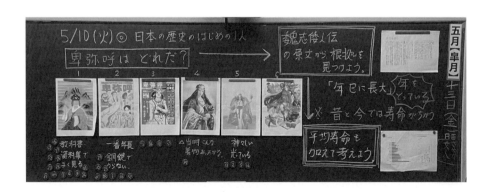

魅力ある教材に出会う方法

① 2種類の教材研究

　社会事象を教師の立場と児童の立場の両面から検討して教材にしていくことの大切さを示したが，そもそも数多ある社会事象の中から，どのようにして，教材になり得る素材を見つけたらいいのだろうか？

　私は大きく分けて2つの方法があると考えている。1つ目は，短期的な教材開発である。これは，次の単元のための教材開発や数ヶ月後に研究授業や公開授業を控えての教材開発など期限や単元が決められている場合である。2つ目は，長期的な教材開発である。社会科が好きで，生涯の自分の研究の中心に社会科を据えたいと考えている場合である。もちろん，すべての単元において，後者のような姿勢でとりくめたらいいのであろうが，様々な教科を教える小学校教員の場合は，現実的とは言えない。そこで，短期的な教材開発と長期的な教材開発について述べる。

② 短期的な教材開発

　次の単元や数ヶ月後の研究授業を行うために，なにか教材になる社会事象を見つけたいという場合，やはり現代では一番簡単な手段はインターネットに他ならない。例えば，5年生の自動車生産の学習で素材を見つけたいと思ったらどのように探し出すだろうか。

　自動車生産と検索するとどうなるだろうか？あまりにあっけなく自動車工場の動画や自動車生産のイラストや図の入った説明など，すぐにでも教材になりそうなものが検索される。誌面が限られ，情報量が制限される教科書よ

りも，無限に広がるネット空間ではより詳しい知識を得ることもできるだろう。

　最新の自動車生産台数や国際比較なども出てくるので，情報の鮮度は教科書を確実に上回っている。これらの情報を児童に示すだけでも驚きが起こりそうである。プレスや溶接などラインの動画は迫力があるし，工場の広さと運動場の広さを比べるだけでも踊り気が生まれる。教科書だけでなく，児童のことを考えて，児童の情意を揺さぶる社会事象を見つけようとするこのような作業は尊い。しかし，ここでもう一工夫をしたい。それは，それらの情報が，**社会的価値創造というフィルターに適っているか**ということである。

　例えば，５年生の工業の学習では，学習指導要領解説社会科編Ｐ83には以下のような記載がある。

> 　工業の種類，工業の盛んな地域の分布，工業製品の改良などに着目して，地図帳や地球儀，各種の資料で調べ，まとめ，工業生産の概要を捉え，<u>工業生産が国民生活に果たす役割を考え</u>，表現することを通して，我が国では様々な工業生産が行われていることや，国土には工業の盛んな地域が広がっていること及び<u>工業製品は国民生活の向上に重要な役割を果たしていること</u>を理解できるようにすること（下線部筆者）

　この記述は，知識および技能と思考力・判断力・表現力等を関連づけて指導する例として示されたものである。ここで注目したいことは，工業の学習では，自動車学習で学ぶ生産ラインや組み立て工場と関連工場との関係，輸送といった**個別の知識を得るだけでなく，学習を通して，工業生産が私たちの生活に果たす役割を児童が考え，生活の向上に欠かせないことを理解する**ということである。これは，先に記した**社会的価値創造**にあたる部分である。

　このことを踏まえ，インターネットで調べる時に，フィルターをかけることができる。実際に，「自動車工業　社会的価値創造」と Google 検索をしてみる。すると，「モビリティビジョン2050（一般社団法人日本自動車工業

会）」という記事が検索される。内容は，カーボンニュートラス（環境）や安全性，誰もが移動できる，といったキーワードを知ることができる。すると，授業の山場が自ずとイメージできるようになる。現在の移動に使われる自動車は，乗用車だけに限っても，環境に配慮したハイブリットや電気といった様々な燃料や福祉車両，多人数が乗れる自動車，カーシェア（サービス）といったように多様である。それらは，使う人の要望と社会の状況に合わせて開発生産されている。過去から現在に至り，そして未来へと自動車生産は，私たちの生活を便利に豊かにしてきたことがわかる。（東京書籍，教育出版の教科書では，自動車生産の最初のページに記されている）

　そこで，福祉車両の開発物語を調べることにする。開発者が利用者のことをよく観察し，生産現場で工夫を重ねて開発していることもわかる。車両を一見しただけでは理解できない，福祉車両の陰に隠れた開発者の熱意は，児童の情意を動かすことになる。これは，前述した「ステップ2：児童の立場からの検討」である。

　ここまで材料が揃ったら，**実際の授業をイメージしてみる**。自分の頭の中で描いた展開を，簡単にメモしてみる。私の場合は，1時間の授業の展開は以下のようになった。

①様々な自動車の写真を黒板に貼り，自動に「好きな自動車はどれか選ばせる。マグネットを張らせる。

②選んだ理由を言ってもらう。全てを認める雰囲気で。この時点では個人的な判断でよい。

③次に，それぞれの車両の特徴を板書する。例えば，ハイブリット車，電気自動車，自動運転車両，福祉車両といった具合に。

④教科書や資料集，PC で調べる時間を取る。

⑤次に「未来の社会のために役立つ自動車は？」と選ばせる。別の色のマグネットを貼らせる。（ランキングづけでも良い）

⑥選んだ理由を言ってもらう。

⑦「どれが一番大切？」と問い返す。「選べない」という声が聞こえる
　だろう。
⑧様々な用途や社会の変化によって自動車が生まれていることを踏まえ
　て，新しい自動車はどうやって生み出されるのか調べる意欲を持つ。
⑨福祉車両の開発物語は，次の時間で学習しよう。

そして，板書は以下のように計画する。

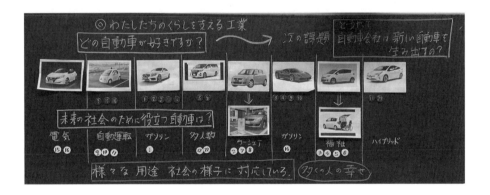

　チームスなどで，画像を送って選ばせたり，投票機能を使っても良いだろ
う。
　このようにして，短期的な教材開発を行うことができる。

👉 ポイント

✓ インターネットで検索する際に，その単元の要点となるキーワード
　（社会的価値創造を踏まえて）を入れて検索する。

✓ 児童の情意を揺さぶるストーリーを含んだ教材を手に入れる。

✓ 展開をメモしてみる。板書も考えてみる。

長期的な教材開発とは，日頃から情報を集めて，自分自身の単元への理解，練度を高めていく方法である。

　私の場合は，新聞の記事を切り抜いて，Ａ４のキャリングケースに入れるという作業を10年間以上続けている。新聞切り抜き術と言って良いかもしれない。私は学年ごとにキャリングケースを作っている。普段は，新聞を読んでいて気になる記事があると，ハサミで切ってしまう。ハサミがない場合は手で破いて切り取ってしまう。それを，Ａ４のコピー用紙に貼り付けて，入りきらない部分は，見出しが見えるようにして折りたたんで学年ごとのキャリングケースに入れておく。この段階では，学年ごとの分類とどの学年にも跨いでいる内容やその時には分類できないものを入れるケースの５種類に分類するのみである。頭の中には，こんな記事があったとうろ覚えくらいの状態である。

　次に，時間ができた時や気が向いたとき，気分転換したくなった時に，学年ごとのキャリングケースの中身を広げて，単元ごとに分けて行ってみる。すると，改めて自分が切り抜いた記事に触れるので，どんな内容だったのかなと読みかえすこともあったりして，楽しい時間を過ごすことができる。面白いことに切り抜いた記事を並べてみると，自分の「社会を見つめる目」というか，授業者としてのジャーナリズムとでもいうべき視点が明らかになるようで興味深い。次第にその視点も変化しているように思える。私の場合は，明らかに「自治」と「人権」に関わる記事が多い。これらの概念は，学年を超えて教材化していくと学びがグッと深まる。

　実例を上げる。３年生では自分の身近な地域，４年生では自分の住んでいる県，５年生では日本全国，６年生では，世界と政治や歴史といった具合に，空間的にも所属する社会集団としても，広がっていくことがわかる。これを同心円的拡大論というのだが，社会科の教材配列の基本原理となっていると

言って良いだろう。

　自分の住んでいる地域の問題ならば，児童は実感的に理解しやすい。

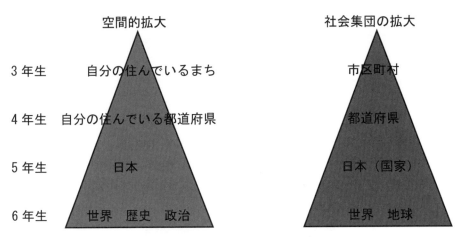

図4　同心円的拡大論のイメージ

　新しくまちに公園ができるとしたら，駅前が再開発されるとしたら，児童も興味津々だろう。ひょっとしたら家庭でもその出来事が話題に上るかもしれない。**自分の身近な問題は，児童も保護者もその出来事の当事者**に他ならないからである。

　一方で，遠くのまちの出来事は，そこまでの興味関心を持って向き合うことはできないことが多いのではないか。しかし，まれに遠くのことでも気になる時がある。「あの時の自分と一緒だ」「このまちと同じことが起こっている」と感じたとき，遠い世界と自分がつながっていると実感したとき，まるで自分のことのように，すなわち当事者になったような気持ちになることもあるだろう。

　例えば，3年生の学習で地域の公園設置について，みんなの意見を聞いて新しい公園を作った事例があったとする。みんなの意見とは，児童も，青年も，お年寄りも，観光客も，と様々な立場の意見を聞いて作った。そして，

完成した公園の清掃を地域で行っていたりということを学んだとする。これは自治という概念であるが，この段階では児童は自治という難しい言葉を知らない。

　その後，４年生で災害からの復興に市民の意見が生かされていたり，５年生の環境で市民ボランティアの働き，６年生で南北問題に取り組む活動などを知った時，その根底には自治の精神があることを感じることになり，「自治」という言葉の意味を実感的に理解する。そして，県や日本，そして世界（地球）の一員であるという所属の概念を拡大していくことにつながる。

　これは，同心円的拡大論の２つの要素である「空間的拡大」と「所属集団

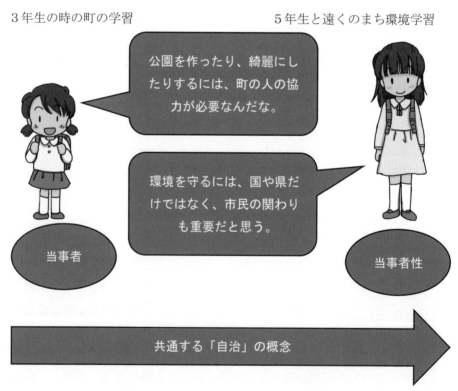

図5　共通する概念が当事者性へつながるイメージ

の拡大」の２点による[iii]。このように「自治」という概念が含有された単元を複数の学年でつなげていくことで，児童は実際に住んでいる空間から世界へと空間的な拡大だけでなく，まちから世界へと所属集団も拡大させながら，**まるで自分が当事者のように感じながら学習を進めていくことができる。これは当事者性と呼ぶことにする。**（詳しくは後述にゆずる）

　長期的な教材開発を行うと，学年を超えて，教材同士のつながりを持たせることができる良さがある。３年生の学習経験を上の学年に生かしていくことのできる例として以下のような点が挙げられる。

１　自分のまちの出来事「当事者」→遠くの地域の出来事「当事者性」
２　社会的なものの見方・考え方→「歴史的」「地理的」「比較・関連・総合」
３　学び方→「問いの作り方」「調べ方」「議論の仕方」「まとめ方」→「つながり・関係性」「批判（吟味）」
４　社会的価値　→「多様性」「公平と公正」「自治」「人権」「持続可能」

👆 ポイント

✓ 新聞を切り抜いてキャリングケースで管理を。
✓ 同心円的拡大を意識して，学年のつながりを意識する。

④ 取材で芽生える「教えたい！」と思う気持ち

　短期的な教材研究でも長期的な教材研究でも，自分が目をつけた素材は，実際に現地に行って取材してみると一層充実した教材になることが多い。

　平日は学級経営と授業実践に注力している私たちが，取材をする時間はどうしても土日に限られることになる。そのため，取材に負担を感じることは当然なことであろう。また，知らない土地や知らない人に会うことは，緊張したり，気を使ったりと心理的な負担を感じるという方も少なくない。そのため，取材は時間的にも心理的にも負担が大きい。人見知りの私は，そのような気持ちでいることが多かった。しかし，思い切って取材をすると苦労に見合う喜びがあることも事実である。自分が選んだ社会事象を間近で見て，その事象に関わっている人の話を聞くことで確実に心を動かされる。素材への愛着がぐっと増し，児童に教えたいという気持ちを抑えきれなくなる。

　実例を一つ挙げる。私は長年，気仙沼で牡蠣養殖を営む畠山重篤氏の「森は海の恋人」という活動に感銘を受けていた。赤潮を克服するために森に木を植えるという発想と行動は，社会的価値の創造を含有し，児童の心情を動かすことのできる教材になると目をつけていた。気仙沼まで，片道，自動車で6時間弱，電車だと6時間はゆうにかかる遠方のため，なかなか決心がつかなかった。それに，私は畠山重篤氏の著書は何冊も読んでいたので，現地に赴かなくても十分に教材にできる材料はそろっていた。しかし，実際に行ってみて，畠山重篤氏のお話を聞くと，いかに**頭で分かっていることと実感を伴って分かるということが，１万光年以上離れている**ことを理解させられ

ワード畠山重篤

宮城県気仙沼舞根で牡蠣養殖を営む。京都大学フィールド科学教育センター社会連携教授。「森は海の恋人」代表。かつて，赤潮に襲われた気仙沼舞根の海を，漁師が山に木を植えるという先駆的な取り組みで解決した。毎年6月の第一日曜日に行われる「森は海の恋人」植樹祭では2000人を超える人々が畠山氏と一緒に植樹をする。その活動は国内外から評価され，現在では全国各地で活動が広がっている。2012年国連から「フォレストヒーロー」として表彰される。

た。

　畑山氏が牡蠣養殖を営む気仙沼市舞根地区は，典型的なリアス式海岸に位置し，周囲には豊かな森が茂っている。だから，舞根地区に入るには，気仙沼市の中心から小高い山を越えて行かねくてはならない。私は初めて舞根地区の海を見た時の美しさを忘れることはできない。底まで見えるかのような美しい海と周囲の森の豊かさ，そしてそこに整然と浮かぶ牡蠣養殖のための筏。畑山氏が長年取り組まれてきた森の豊かさを最大限に生かした漁場がそこに広がっていた。あまりに美しい場所で畑山氏の話を伺う。畑山氏は，長年取り組まれてきたことを丁寧に語ってくださった。そこには，長年取り組まれてきた誇りと聞き手を惹きつける熱意があふれていた。

　私は，多角的なものの見方を育てるアナザー・ストーリーの社会科授業を提案し，一つの価値観だけで判断せず，いろいろな立場から社会事象を考察することを心がけている。畑山氏という人物の魅力を感じながらも，一つの価値だけで判断しないように気を配っていた。畑山氏のお話から「森は海の恋人」の活動には複数の価値を見出すことができた。それは以下の2点である。

①50年前の赤潮被害に悩まされていた時，舞根に注ぐ大川にダム建設の話が持ち上がった。その時，政治的に争えば地域は反対派と賛成派に分裂してしまう。それではダム建設が中止になったとしても幸せな結末にはならない。そこで，森に木を植えるという活動をしたのです。「森は海の恋人」の活動は誰も傷つきません。そして，誰も傷つけません。「建設反対」と叫べば，建設しようとしている人を傷つけてしまう。傷つく人がいれば，地域はまとまれません。森と海のつながりを大切にする人々の意識の変化，そういう人が増えてきたことが「森海」の活動の継続につながっているのだと思います。

② 「森は海の恋人」は，漁業のための活動というだけではありません。

森を大切にする活動というわけでもありません。そして，その両方でもありません。どういうことかわかりますか。2012年の2月，国連で表彰を受けたときのスピーチで私は漁師の立場から，森林には3つあると思っていると話しました。

1つは山の森，もう1つは海にも植物プランクトンや海藻の森があるということ。そして，3つめは，流域に住む人の心のなかの森です。もっとも重要なのは人の心のなかの森ではないか，と話したら大変な拍手をもらい理解されたんだと思いました。

　「森は海の恋人」の活動を知っているつもりだった私は，この時初めて畠山氏の活動の本質が，地域づくりと人づくりであると理解したのだった。

　実際に，2011年の東日本大震災で畠山氏の舞根が甚大な被害を受けた時，毎年6月の第1日曜日に開かれる「森は海の恋人」植樹祭は中止の危機に立たされた。畠山氏はやむなく中止を決断したのだが，室根山の農家をはじめこれまで畠山氏と一緒に活動してきた方々が主体的に活動し，畠山氏を招待するということで継続されたことからも，地域の人々の心に木を植え続けてきたことが伝わってくる。「森は海の恋人」の活動は，畠山氏の立場から考えることもできるし，地域の人の立場からも考えることができる。また，次世代を担う子どもたちの立場からも考えることができるなど，多角的な取り組みであることが理解できた。

　その後，可能な限り「森は海の恋人植樹祭」に参加させていただいている。また，舞根にもお邪魔して，畠山重篤氏を支え「森は海の恋人」の事務局の仕事を務めている畠山重篤氏のご子息である畠山信氏にもお世話になっている。私が初めて取材をさせていただいた時には，震災の爪痕が強く刻まれていた舞根だが，訪れるたびに施設が再建され，京都大学フィールド科学教育研究センターが建設されるなど，次世代の教育にも力を入れている。

　ここで，取材で得られる成果を整理したい。

　1つ目は，**私たち教師の側の，教えたいという心情が高まることである。**

前述したように，感動をそのまま教材にしてしまえば，児童の一面的な味方を育ててしまう。そこで，教材研究のステップ１，ステップ２は欠かせないということをふまえながらも，自分が取材で得た感動は，教師の気持ちを高めることができる。

　２つ目は，**インターネットや書籍では得ることができない生の情報を得ることができる**ということである。現在は，インターネットにアクセスするとたくさんの情報を得ることができ，教師と児童の情報量に差はない。しかし，自分で取材した情報は，インターネットでは得ることができない貴重な情報である。教室では，進んで調べてくる児童もいれば，家庭のネット環境等の事情によってそれができない児童もいる。そのため気を配っていかないと，授業は事前に知っている児童のみが活躍する場となってしまう。しかし，取材でしか得られない情報ならば，教室の全員が同じ条件で学習することがで

きる。調べてくることのできる
児童に加えて，感想を述べたり，
気づいたことを述べたりするこ
とで，誰もが参加できる社会科
授業を作ることができるように
なる。このように取材によって
自分だけのオリジナル教材を作
ってみたらどうであろうか。

👆 ポイント

✓ 取材で教えたいという気持ちが高まる。しかし，ステップ１，ステップ２からの検討は忘れずに！

✓ 取材でしか得られない生の情報で，児童の情報格差をなくそう。そして，自分オリジナルの教材へ磨いていこう。

考えたくなる学習問題づくり

① 学習問題とは何か？

　今回は，学習問題について考えを深めていく。私は，学習問題について以下のようなイメージを持っているが読者の皆様はどうだろうか。

① 　単元最初の１時間目ないし，２時間目までに作る。
② 　その学習問題は単元全体を貫くものである。（学習計画を立てる）
③ 　児童の言葉で学習問題を作る。

　①②については，教科書の紙面構成がそのようになっている。③は学習が児童のものであるという立場に立てば，児童の言葉から作りたいと考えることが自然のように思える。しかし，実際の授業をしていると①〜③を達成することは容易なことではない。それは以下のような理由からだと考えられる。

　①②の難しさは，最初の１・２時間だけでは単元の本質にたどり着くような学習問題を予想することができない。すなわち，単元を貫けるかどうかわからない。

　③は，児童が作る問題は，クラス一人ひとりの言葉が異なるため，児童の言葉で作ろうとすると，どうしても発言力の高い児童の言葉が選ばれやすくなる。ときには，作文の授業のようになってしまう。

　これらの悩みを解決するために，そもそも学習問題とは何か，学習問題の

役割は何かを考えてみる。

　学習問題とは，言うまでもなく，クイズや計算問題，都道府県の名称の問題といった一問一答で答えられる問題のことをさしてはいない。

> その単元で児童が解き明かしてほしい，社会科の本質につながる問題

である。小学校学習指導要領解説「社会編」においても「「学習問題」とは，社会的事象の意味や特色，相互の関連などを考えて理解する「学習上の問題」」とされていることからも，単元の本質を捉え，児童が追究を始める原動力となる学習問題を作りたい。そこで，①②③の問題を次のように，考え直したらどうだろうか。

> ○単元の中心を直接問題にするのではなく，中心に迫るための入り口の問題にする。
>
> ○一人ひとり言葉はちがっても，全員の思いが一緒なら良いとする。

　「言葉はちがっても，全員の思いが一緒なら良い」の視点については，前述した「スーパーマーケット」と「関東大震災」の事例から実感的することができるだろう。一人ひとりの言葉は違っても，「調べたい」「どうして」という情意を持たせ，追究する意欲と方向性がクラスで一致すれば良いと考える。

　そこで，今回は①視点について例を示していく。

② 本質に迫るための入り口と問題　

　前述したように，単元全体の最初の１時間か２時間くらいで，単元全体をつらぬくような学習問題を作り，単元の終末で「まとめ」をすることが一般的な構成であろう。しかし，児童の様子をよく見ていると，単元が進むにつ

れて，学習問題を作った時の意欲が持続できず，次第に学習への興味を示せなくなったりすることがある。そこで，単元の週末になっても児童の学習意欲が衰えない，問いが深まる授業デザインをめざして，単元の本質に迫るための入り口としての学習問題を具体的に示す。

　最初に，筆者の勤務校で長く教鞭を取られてきた長谷川康男氏の記述を紹介する。

「いきなり教材や単元の中核をなす社会事象の本質から学ぶのは，無理して頑張る勉強になってしまう。（中略）教材のはしっこのものやことから導入してもよい。いずれ単元の本質につながればよいのである。単元の端っこの社会的事象であっても，子どもが真に学ぶ必要を感じているものやことは本物である。（中略）子どもたちが先生から与えられた学習課題のような学ぶ必要性を感じていない単元の本質にいきなり迫る社会事象，問題よりはるかにいい。」（『問題発見力のある子どもを育てる11の方法』長谷川康男　学事出版2017）

　また，この記述の箇所には筑波大学名誉教授の谷川彰英氏の考えを示した

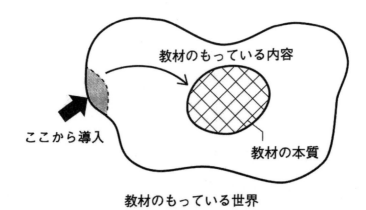

教材のもっている世界

認識論的導入観（谷川彰英）

図も掲載されているので併せてご覧いただくと長谷川氏の話が一層よく理解できる。

　長谷川氏は長年，教壇に立ってきた経験から，**教材の持つ本質を大切にしながらも，児童の様子から興味関心や学びの深まりをじっくりと観察し，児童の興味に沿った学習問題の提示を示した**のだろう。教材研究で示したステップ1の教師が教えたいことと，ステップ2の児童の情意の両面からの考察と同様の発想ではないか。この考え方は，「ネタ」の授業を開発し多くの教師から支持を得ている有田和正氏の考えと源を同じにしていると考えられる。

　教材の本質を見極めながらも，本質をそのまま学習問題にするのではなく，児童の興味・関心を大切にし，次第に教材の本質へ迫っていく「問いが深まる授業デザイン」のヒントがそこにある。それを踏まえて具体的な実践に移した。

　お示しする教材は，4年生「くらしを支える水道」である。最初に，教科書ではどのような展開がなされているのだろうか。

　東京書籍の教科書では，水は私たちのくらしのあらゆる場面で使われていることを知り，人口の増加に伴って，水道供給量も増えていることをつかむ。そして，大量の水が，川やダムから来ていることから学習問題を作る。作られる学習問題は「わたしたちの生活に欠かせない水は，どこでどのようにきれいにされ，送られてくるのでしょうか」である。

　教育出版の教科書では，1日に使う水の量の調査を行い，「大量の水はどこで，どのように作られているのか」と学習問題を作っている。

　東京書籍では，「どこで」「どのように作られる」「そのように送られる」とその後の学習活動を全て網羅できるような学習問題になっている。教育出版も学習内容を全て含むことのできる学習問題である。

　このように，教科書で示される学習問題は，単元全体を貫くように作られている。学習内容（知識）を確実におさえようという教師側のねらいがはっきりしているが，網羅的で子どもの「追究したい」と興味を引く展開からは離れてしまっているのではないか。

そこで，子どもの興味や意欲を大切にして，教材の端っこの「問い」から次第に本質に迫る展開を考えてみることにする。今回私が行った展開は，次のようになる。

学習展開について

学習活動1 『水道水と天然水の飲み比べ』
わかったこと 「東京の水道水は，天然水に負けないくらい美味しい。しかも安い」
生まれた疑問
「どうして，こんなに安くて，美味しい水道水が作られるの？」
学習問題1 『どうやって，こんなに美味しい水道水は作られるの？』

学習活動2 『浄水場の見学』
わかったこと 「どうやら高度浄水処理が美味しさの秘密らしいぞ」
生まれた疑問
「荒川沿いの浄水場には高度浄水処理施設が全て導入されているのに，多摩川沿いの浄水場には高度浄水処理施設が一つもない」
学習問題2 『どうして，多摩川の浄水場には高度浄水処理施設が一つもないの？』

学習活動3 『荒川の原水と多摩川の原水をくらべる』
わかったこと 「圧倒的に多摩川の原水はきれいだ」
生まれた疑問 「どうして，多摩川の原水はきれいなの？」
学習問題3 『どうして多摩川の原水がきれいなの？』

学習活動４ 『多摩川をさかのぼる』
わかったこと 「多摩川には全国一の水道水源林が広がっている。そして管理はボランテイアがしている」
生まれた疑問 「どうして，ボランティアを続ける人がこんなにいるの？」
学習問題４ 『ボランティアをするのはどうして？』

学習活動５ 『ボランティアをしている方に話を聞く』
わかったこと 「ボランティアをしている理由は人それぞれ。ボランティアは主体的にするもの」
生まれた疑問 「荒川が汚れている理由は？」
学習問題５ 『どうして荒川が汚れてしまうの？』

まとめ 『河川が汚れる原因の７割は生活排水である』
授業を終えても考え続けること
『私たちの生活をすぐに変えることは難しいが，このまま何もしないこともいけないだろう。悩ましい……』

　最初は，天然水と水道水の飲み比べという子どもの興味を引く活動から授業が始まるのだが，毎時間，「わかったこと」と「新しく生まれた疑問」がつながっていき，次第に問いが深まり教材の本質に迫っていく展開である。
　水道の学習の本質は，学習指導要領解説社会科編の内容の取り扱いに「ごみの減量や水を汚さない工夫など，自分たちにできることを考えたり選択・判断したりできるよう配慮すること。」とあるように，単元の終末で，子どもたち自身が社会への関わりを意識した終わり方ができたら本質に迫ったと

言えるだろう。今回の展開では，最後に水道局やボランティアの方々がきれいにしている原水だが，残念なことにそれを汚してしまうのは私たちの生活であるというジレンマに気づき，児童の主体的な社会参画意識の芽生えも期待している。

　東京の水道水の原水は，北に流れる荒川系と南を流れる多摩川系に分けることができる。源を群馬県の谷川岳などに遡る長大な荒川の原水は汚れてしまっている。しかし東京都水道局は荒川沿いの浄水場に高度浄水処理施設を設置することによって美味しい東京水を実現している。授業では高度浄水処理施設を開発した尾根田さんが取り組まれてきたことを学んだ。一方の多摩川は，水源に全国一広い水道水源林を有しており，都ではその管理を121年以上続けていること，そして，水源林の管理に市民ボランティアの方々が関わり，地道な作業をしていることを知ることができる。授業では，ボランティアの安藤さんのお話から学んだ。

東京の水道水＝荒川＋多摩川

荒川	多摩川
長い （他県にも）	短い （ほぼ東京都）
原水は汚れている	原水はきれい 特に羽村
高度浄水処理 できれいに	121年に及ぶ 水源林の管理
最先端の技術 （費用）	水源森林隊の ボランティア

安定供給を超えて、美味しさにまで

どちらも美味しい水道水になるのだが，単元の最後にあえて子どもたちに「荒川と多摩川の水道水，どちらを飲みたい？」と発問して児童に選択させるとともに理由を聞くことにした。すると，31人中，26名が多摩川の水道水，5名が荒川の水道水と選択した。理由は以下の通りとなった。

多摩川を選ぶ理由
・ボランティアの安藤さんの想いがこもっている気がする。
・手作業で水源林をきれいにしているので気持ちがこもっている。
・121年間水源林を管理しているので，苦労を感じるから。
・原水がもともときれいなので，美味しい気がするから。
荒川を選ぶ理由
・「日本一まずい」と言われた悔しさをバネに，尾根田さんが何年もかけて高度浄水処理施設を開発した努力がすごいから。
・高度浄水処理で完全ににおいのない水道水が作られているから。
という理由だった。

　少し話が脱線するのだが，この場面での発言は小学生らしい特徴が見られる。それは荒川の高度浄水処理施設を開発した尾根田さんや多摩川水源森林隊の安藤さんの活動に共感する複数の発言がなされたからだ。学習指導要領解説社会科編の31ページの思考力・判断力についての解説で「多角的に考える力」との記述がある。この部分は中学校では「多角的・多面的」と記述されている。多角的と多面的を辞書で引くと同じような意味が記されているが，社会科教育では「多角的」は消費者や生産者など人に焦点を当てる意味であり，「多面的」は経済面や環境面など学問分野によるという解釈が多い。
　今回の水道の授業でも尾根田さんや安藤さんに寄り添う発言が多いのはいかにも小学生の発達段階を表しているといえる。だから，小学生の学びを深めるには，社会事象の背後にある人を取り上げることが有効であるといえるだろう。

脱線した話を元に戻す。さて多摩川の水を飲みたいと判断した子どもが多かったことは前述したが，その理由で一番多かったのは，「荒川の水はきれいになっているとは思うけど，原水の汚れを見てしまうと飲みたくなくなってしまう」という意見である。この意見には，ほぼ全員が納得していた。そこで，私は子どもたちに原水の汚れの原因グラフで示したものを渡した。荒川の汚れの原因の実に67.6パーセントが私たちの生活排水によるものであるという資料である。これは，産業排水の21.2パーセントを大きく上回るものである。この事実を知った瞬間の子どもたちの反応は「自分たちが汚していたのか」「安藤さんたちがきれいにしたのに」「私たちが汚した水をきれいにするために尾根田さんたちが苦労して高度浄水処理を開発したのか」と呟いた。ある児童のノート記述をお示しする。

「川の汚れのほとんどが生活排水でした。先生から配られた表を見て，ラーメンの汁１杯流してしまうときれいにするのに必要な水は8.2杯もいると知りおどろきました。家では，家族全員で協力して１人１アクション運動をすれば良いと思います。このアクション運動を日本に住んでいる人は全員すればきれいになると思います。」

　このように，単元の最初は「飲み比べ」という児童に関心のある活動から始まり，教材の内容である水道の安定供給について，東京都ではそれを超えて「おいしさ」にまでこだわった事業とそれに関わる人々の営みを学び，最後には，教材の本質と言って良い社会に関わる大切さにたどり着くことができたのではないか。児童の東京水への認識は深まっていったのだが，それと同時に，学習問題，すなわち児童の問題意識も変化していった。学習問題は次のように変化していった。

「どうやって，こんなに美味しい水道水は作られる」
↓
「どうして，多摩川の浄水場には高度浄水処理施設が一つもないの？」
↓
「どうして多摩川の原水がきれいなの」
↓
「ボランティアをするのはどうして」
↓
「どうして荒川が汚れてしまうの？」
↓
授業を終えても考え続けること
「私たちの生活をすぐに変えることは難しいが，このまま何もしないこ
ともいけないだろう。悩ましい……」

　児童はおいしい東京水の秘密を解き明かしていった。追究の見通しが効く
のは，同様の学習を以前したことがあるなど，前例がある場合ならできるだ
ろうが未知の領域は難しいだろう。それには，どのような学習活動を行うの
かに左右される。そこで学習問題の類型を考えてみることにする。

✍ ポイント

- ✓ 学習問題は，単元の本質を直接問題にするのではなく，本質に迫る
  ための入り口の問題にし，次第に学習問題と児童の認識が深まってい
  く展開もある。
- ✓ 学習問題を作るとき，児童一人ひとりの言葉はちがっても，全員の
  思いが一緒ならよいとする。

学習問題の類型

○ 事実を問うのか？思考力・判断力を問うのか？

　これまでも，学習問題の分類は多数の研究者や実践者がおこなってきた。例えば，北俊夫氏は，学習問題を「疑問型」と「活動型」に二分し，「疑問型」の中に「事実追究型」「意味追究型」「意思決定型」と３種類に分けている。北氏の分類は以下のようになっている。

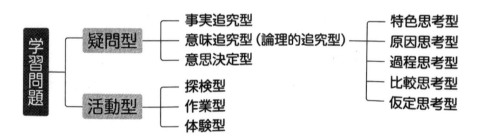

北氏による「学習問題の類型表」[iv]

　「活動型」は「探究型」「作業型」「体験型」に分けている。このうち「活動型」は，「見学しよう」「調べよう」「やってみよう」という学習なので，ここで触れることはしない。一方で，「疑問型」については，教室での児童の認識を高めるための学習なので，本書のテーマに合致しているので検討を加えたい。

○「事実追究型」は（農家の人たちは，どのような工夫をしているでしょう？）のように「どのような」ではじまり，事実を追求する学習問題である。観察・実験・調査・資料活用など調べる活動を促す問題である。

○「意味追究型」については，さらに４つに分類されているが，簡潔に述べると，
　・「特色思考型」（どんなよさがありますか）
　・「原因思考型」（なぜ減ったでしょうか）（どうして大仏を作ったの）
　・「過程思考型」（自動車はどのように生産しているの）
　・「比較思考型」（沖縄のくらしと北海道のくらしの違いは）
　・「仮定思考型」（もし火事になったら，消防車はどこに配置されるの）
　と５つに分類されているが，どの問題も社会事象の事実を元にして，児童にその事象の意味を思考・判断にまで，学習が及ぶ問題となっている。

○「意思決定型」は（私たちは自然災害から身を守るためにどんなことをする必要があるでしょう）のように，児童に自分だったらどうするかまで判断させる学習問題となっている。

　筆者は，この類型について「意味追究型」学習問題について，「どのように」は「事実追究型」と判別が難しかったり，「仮定思考型」は例え仮定であっても児童にどうあるべきか判断させる点で「意思決定型」との差別化が難しいと考えている。そこで，次頁のように整理し直すことにする。

キーワード	追究するもの	主な学習活動	資質・能力
「どのようにして」 「どうなっているのか」	事実を追究する。	「調べる」	知識 理解
「なぜ」 「どうして」	事実を追究した上で，理由を考える。	「調べる」 「話し合う」	思考力 判断力
「どっち」 「どうしたらよいのか」	選ぶことを通して，事実を追究する。その上で，選択・判断する。	「調べる」 「話し合う」 「自分の論を述べる」	思考力 判断力 社会参画力

学習問題の分類（筆者作成）

　「どのように」という事実を追究する学習問題ならば，教科書や資料集で調べようとか，調査に行こう，分担しようと，これまでの経験を活かして学習計画を立てやすい。また，調べたことをまとめることも，調べた事実をまとめていくのだから，小学生の児童にも自分たちの力で取り組みやすいだろう。

　一方で，「なぜ」「どうして」と社会事象が起きた理由や意味を考えるとなると，同じ事実を調べたとしても，児童一人ひとりが理由や意味を考えるので，思考力が育まれることになる。さらに，児童の意見は一人ひとり異なることが多く，同じ言葉でまとめることは難しく（あえてまとめる意味はないかもしれない），授業はオープンエンドになることが考えられる。

　「どっち」「どうしたらよいか」は，児童が自分の判断を下すことになる。それは，児童自身の実際の生活と結びつけての判断となるため，社会に関わる力，社会参加にまで学習が及ぶことになる。

　筆者は，３つの分類の中で，「なぜ」「どうして」という学習問題を立てる

ことが多い。前掲の後藤新平も水道水も「どうして」で始まる学習問題であった。時に，「どっち」「どうしたらよいか」という学習問題を作ることもある。

　その理由は，事実を調べるだけでは，社会科の目標であり「公民的資質の基礎の育成」に届かないからである。私たちの暮らす社会は，日々変化し続けている。私の少年時代とは，日本の産業の在り方も社会の年齢構成も地方の問題も大きく変化している。そのような変化に対応して将来の社会を担う児童に，知識を授けるだけでは社会科の目標に辿り着くことができないのではない。社会の変化に対応したり，多様な考えを理解し，それを生かしたりするには，事実を元にして様々な立場に立って考え，自分なりの判断をしていく，思考力・判断力の育成が必要であろう。また，時には実際の社会に関わる経験を通して，社会に関わる方法を学んでいくことが大切である。どのような学習問題を作るか。それは，社会科の目標や児童に育てたい力を考えていくことにつながっていく。

ポイント

✓ 学習問題は，その後の学習活動や児童の資質・能力の育成に関わる。
✓ 「なぜ」「どうして」型の学習問題では，思考力・判断力が育成される。

ワード 公民的資質
７度の学習指導要領の改定を経た現在まで，脈々と受け継がれている要点。平成29年告示の学習指導要領の目標にも「社会的な見方・考え方を働かせ，課題を追究したり解決したりする活動を通して，グローバル化する国際社会に主体的に生きる平和で民主的な国家及び社会の形成者に必要な公民としての資質・能力の基礎を次の通り育成すること」（下線部筆者）と記され目標の中に公民的資質の育成が含まれていることが確認できる。

授業を支える社会科の指導技術
その① 問題解決的な学習の単元の構成

① 問題解決的な学習とは

　問題解決的な学習は，社会科では，最も中心的な指導方法，単元構成の原理である。『小学校学習指導要領解説社会編平成29年』の19，20ページにも以下のような記述がある。

> 習得した知識や技能を活用して，調べたり思考・判断したり表現したりしながら課題を解決する一連の学習過程において，育成されるものと考えられるからである。そのため「課題を追究したり解決したりする活動を通して」と目標の柱書部分に位置付けられている。そうした活動の充実を図るには，小学校社会科においては，学習の問題を追究・解決する活動，すなわち問題解決的な学習過程を充実させることが大切になる。問題解決的な学習とは，単元などにおける<u>学習問題を設定</u>し，その問題の解決に向けて諸資料や調査活動などで<u>調べ</u>，社会的事象の特色や相互の関連，意味を<u>考えたり</u>，社会への関わり方を<u>選択・判断したり</u>して表現し，社会生活について<u>理解したり</u>，社会への<u>関心を高めたり</u>する学習などを指している。（下線部筆者）

　問題解決的な学習について，問題を設定して，調べ，調べた社会事象の特色や意味を考え，自分の社会への関わり方を判断し，社会への関心を高めるという学習過程が書かれている。

　「幼稚園，小学校，中学校，高等学校及び特別支援学校の学習指導要領等

の改善及び必要な方策等について」（中央環境審議会答申平成28年12月21日136ページ）の以下の記述が知られている。

> 学習過程の例としては，大きくは課題把握，課題追究，課題解決の三つが考えられる。また，それらを構成する活動の例としては，動機付けや方向付け，情報収集や考察・構想，まとめや振り返りなどの活動が考えられる。

　問題解決的な学習過程「問題把握」→「問題追究」→「課題解決」と示されている。

　教科書では，児童にわかりやすい言葉で示されている。

東京書籍　「つかむ」→「調べる」→「まとめる」→「いかす」
教育出版　「つかむ」→「調べる」→「まとめる」→「つなげる」
（教科書の扉ではつなげる→つかむに戻りスパイラルを意識している）

　このように，問題解決的な学習の過程は，言葉の違いはあるものの，３段階ないし，社会にいかす，つなげることもふくめると４段階で示されることが一般的だと言って良い。現在では学習指導要領解説に記載されてることもあり広く認知されるに至っている。本書では，教科書でも採用されている**「つかむ」→「調べる」→「まとめる」→「いかす」**という学習過程で考えていくことにする。

　ここで，立ち止まって考えたいことは，「問題解決<u>的な</u>学習」だということである。「的な」を除くと「問題解決学習」ということになる。問題解決的な学習のもとになる「問題解決学習」とは何か考察したい。

② 「問題解決学習」と「問題解決的な学習」

『新版社会科教育辞典』によると「問題解決学習」は以下のように説明されている。

> 問題解決学習とは，経験主義に基づく学習活動の指導方法である。つまり，子どもたちに，課題達成の過程において，そのために具体的な必要性から知識や技能を習得させるという学習活動の指導法である。（中略）自己課題の達成に向けて，子どもたちが全身全霊で取り組むという学習活動として構成されていることが，問題解決学習の本質的な条件となる。「問題」はそのような，いわば「切実な」学習活動を生み出すものでなければならない。[v]

経験主義は，児童の実際の生活と結びついた問題を取り扱うため，興味関心を持ちやすく，それどころか，切実感を持って問題を解決しようとする学習である。太平洋戦争後に新設された社会科では当初，この経験主義の学習活動が重きをなしていた。現在でも，生活科や総合的な学習の時間は，問題解決学習の考え方を下敷きにしている。経験主義の学習の課題としては，児童の眼前の問題を教材とするため，歴史学や地理学といった内容を体系的に習得することが難しいこと。目の前の問題を扱うために，学校や地域の状況に左右されやすいことなどが挙げられる。

経験主義の対局として系統主義があげられる。系統主義は，歴史学や地理学，公民といった学問を系統的に学ぶ学習方法である。明治から戦前までこのような方法で授業は行われ，戦後も，学力低下論が浮上するたびに体系的に学ぶ授業に注目を浴びることになる。課題としては，教師から児童への知識の教授になりやすく，児童の学習意欲はどうなるのか，社会科の目標である公民としての資質の育成に届くのかどうかという疑問が残る。

そのため，問題解決的な学習は，経験主義に基づいて，児童が自ら問題を見出し，切実感を持って問題を作り，主体的に追究して，解決を図るという学習方法を生かしながら，学習内は，歴史や地理，公民といった内容を段階的に学んでいけるように工夫されている。そのことは前述したように『小学校学習指導要領（平成29年告示）社会科編』の各学年の学習内容と，P150，151にある「小・中学校社会科における内容の枠組みと対象」で示されている。

　すなわち，問題解決的な学習は，問題解決学習にくらべ，教師の意図が授業に反映されるよう設計され，学問体系の習得の着実な定着を志していると言って良いだろう。その点からも，前述したように，教材を教師の立場から考えるステップ1と児童の立場から考えるステップ2という段階で検討することが大切だと考えている。

　また，各段階においては，児童の学習意欲を喚起し，主体的な学びを実現するために，「つかむ」段階では，動機付けが，「調べる」段階では，考察や判断が，「まとめ」の段階では，児童の振り返りという学習活動を行うことをしていきたい。

ポイント

教問題解決的な学習の流れ

学習段階	「つかむ」	→	「調べる」	→	「まとめる」	→	「いかす」
	↑		↑		↑		↑
主な活動	動機づけ		考察や判断		振り返り		意思決定

児童の興味関心を大切にしながらも，教師の意図や学習内容を身につけることができるように配慮する。

第7節

授業を支える社会科の指導技術

その②　多角的なものの見方・考え方を育む方法

① 小学生に適合した「多角的」なものの見方

　小学校学習指導要領（平成29年告示）解説社会編22ページに，思考力・判断力の説明として以下のような記述がある。

> 「社会的事象の特色や相互の関連，意味を<u>多角的</u>に考える力，社会に見られる課題を把握して，その解決に向けて，学習したことを基に，社会への関わり方を選択・判断する力である」と述べられている。さらに，「多角的に考える」ことについて詳しく説明がなされ，「児童が<u>複数の立場や意見を踏まえて考えること</u>を指している。小学校社会科では，学年が上がるにつれて徐々に多角的に考えることができるようになることを求めている。」（下線部筆者）

　この箇所は，中学校学習指導要領解説での記述は，**多角的・多面的**と書かれている。多角的と多面的の違いは辞書を引くと同じような意味で記述されていることが多い。しかし，社会科授業の話の上では多角的は「**生産者や消費者など，異なる立場の人物から考える**」こと，多面的は「**経済面や環境面など，様々な分野から考えること**」と捉えていることが多い。

　人物の立場から学習する視点は教科書でも取り入れられていて，一般的とも言える。例えば３年生の教科書ではスーパーマーケットの工夫をお店の店員さんが語ったり，消費者であるお母さんがどんなことに気をつけて買い物

をしたりしているか吹き出しを使って述べるなど，異なる立場の人物が登場して，販売の工夫を追究していく展開になっている事例はどの教科書にも掲載されている。

　このようなことから，小学校の児童の思考力・判断力の育成に**一面的な見方ではなく，多角的に考察すること**が求められていて，**その有効な手立てとして異なる立場の人物の語りなどを用いること**が挙げられる。

　そこで，

①どうして多角的に考えることが大切なのだろうか。
②異なる複数立場の教材づくりはどのようにしたらいいのか。

という問題意識を持って書き進めることにする。

② 多角的に考える大切さ

　以前私は，４年生の伝統工芸を扱う授業で寄木細工の授業を参観したことがある。その授業は寄木細工職人の仕事を丁寧に取り上げ，子どもたちは熱心に学習に取り組んでいた。子どもたちの熱意は寄木細工職人への共感が原動力のように見えた。取材を重ね職人の情意面を取り上げた指導者の教材研究も素晴らしい。しかし，私は児童の発言から気になることも感じていた。

　それは，売上が伸びない原因を消費者にあるとして，やや非難するような発言が見られたからである。児童の立場に立てば，学習を通して職人に共感しているため，このような発言が出てくることは理解できる。しかし，**伝統産業を取り巻く事実はもう少し複雑なはずである**。そこで，異なる立場に立って考察する展開を教師が模索する必要だったのではないかと考える。

　もし，寄木細工について，消費者の側の意見を聞いたらどんな意見が出るだろうか。「価格をおさえてほしい」「デザインや用途を現在の生活に合わせてほしい」などの要望を聞くことができるだろう。それらの意見を聞くこと

で，寄木細工の課題が見えてくるかもしれない。

　一つの社会事象を異なる立場から考えることで，職人に共感しながらも，消費者の立場も考えることができ，**児童は，伝統を続けていくことの難しさとともに未来への可能性についてより深く考え，判断することができたの**ではないだろうか。

③ 異なる立場の教材づくり　客観・実感・共感の構成

　そこで，複数の立場を教材化することになるのだが，子どもたちが意欲的に考えるには，寄木細工職人へ見られた**「共感」は子どもたちの原動力になるから大切にしたい。**しかし，それだけでは社会事象をもとに，より良い判断にをすることにならない。

　そこで加えたいことが，**「客観」「実感」**である。「客観」とは，売上の変化や価格，コストなどの，児童に数字やグラフとして提示できるものである。「実感」とは，写真や地図，映像など実際に見学に行けない場合に教室で補うことのできるものである。

　これら**3つを含んでいることを大切にする**ことで，児童が，人物に共感しながらも，社会事象を客観的に見つめることができ，指導要領で求めている，多角的に考え，自分なりの考えを形成し，より良い判断をすることができるのではないかと考える。

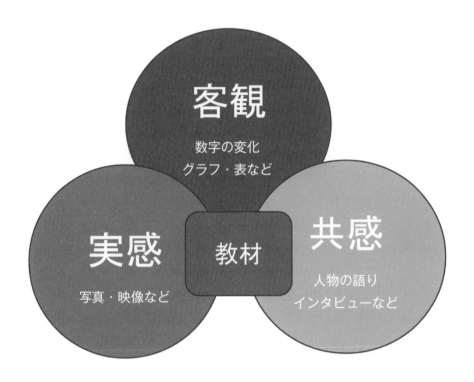

④ 調べる段階で2人以上の立場から検討する

　一つの社会事象をある人物の立場から考えることを「ストーリー」と呼ぶことにする。それとは異なる立場から考えることを「アナザー・ストーリー」と呼ぶことにする。[vi]

　単元の展開に沿って考える，**単元開始から社会事象を一人の中心人物の視点で学んでいく。これがストーリーである。**子どもたちの学習が深まるにつれてストーリーへの理解が深まっていく。

　しかし，理解が深まったとはいえ，これでは，一人の人物の立場からの見方の理解への深まりであり，社会事象への理解は一面的な見方のままで深まっているとは言えない。そこで，「調べる」学習において**異なる立場に立って考え直す必要がある。これを「アナザー・ストーリー」と呼ぶことにする。**

児童は「つかむ」「調べる」と「ストーリー」を学習してきた。追求の過程で児童一人ひとりに構成された社会事象への理解を，別の視点から見る「アナザー・ストーリー」の学習で崩されることになる。社会事象への理解を再構成する必要に迫られる。

　そうすることで，多角的なものの見方をさせるようになり，社会事象への理解も深まることになる。多角的な視点で社会事象を理解し，より実際的な解決を目指すことができるようになると考えられる。そして，実際の社会への参加や参画もより実際的な解決を目指すことができるようになると考えられる。

　「アナザー・ストーリー」の授業構成をモデル化すると以下のようになる。

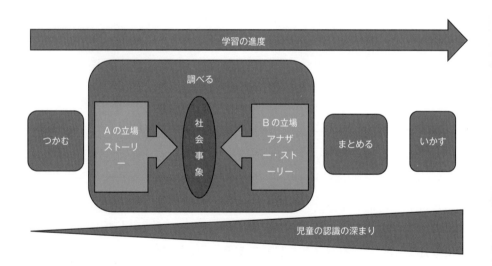

ポイント

✓ 多角的は「生産者や消費者など，異なる立場の人物から考える」こと。

✓ 一つの社会事象を異なる2人以上の立場になって学習することで，児童は一面的な見方をすることがなくなり，社会事象への理解が深まり，より良い判断を行うことができるようになる。

✓ 一つの立場に立った教材を「ストーリー」とよび，もう一つの異なる立場に立った教材を「アナザー・ストーリー」とする。それぞれのストーリーは客観・実感・共感を含んでいることを大切にする。

授業を支える社会科の指導技術

その③　発問の工夫

① 発問とは何か？

　授業をしていて教師から児童に発せられる言葉は授業の進むべき方向（教師が進んでほしいという方向，目標と言い換えても良いだろう）に向かって，児童を誘うものである。あえて，「誘う」という表現をした。教師の発問が授業の目標にたいして直接的すぎれば，教師主導の展開になってしまう。教師主導でありすぎると，児童の自由な発言が生まれにくくなり，高学年になれば，児童は教師の期待する回答を予想して発言するようになってしまう。その逆で授業のねらいからあまりそれてしまえば，学びを深めることはできない。そこで，今回は，答える児童の学びの側と発する教師の意図と準備の側から考察し，発問の効果を明らかにしながら，その効果をもとに分類整理を試みることにする。

② 児童の学びの側からの分類

児童の学ぶの側から見た分類
　①正解が一つの発問
　②正解がいくつもある発問 「思考を促す発問」「情動を発露する発問」
　③意見の対立を生む発問
　④思考を揺さぶる発問

「①正解が一つの発問」は，「日本で一番米の生産量の多い都道府県はどこ

ですか？」のように，答えが１つないし，いくつかしかない発問である。これは，授業のはじめに前提を確認するためや議論が曖昧になった時に土台となる事実を全員で共有するために使用されることが多い。「いつ」「どこ」「だれ」「どうなった」と言った事実を問う発問である。事実を問うので自ずと教師と児童の一問一答になる。この発問が苦手とする点は，答えが１つなので発言できる児童が１人になってしまうという点である。

「②正解がいくつもある発問」は「どうして，東北地方は米づくりが盛んなのでしょうか」というような，事実をもとにして児童一人ひとりの解釈が分かれるような**「思考を促す発問」**と「この写真を見てどんなことを感じましたか」というように，事実から感じたことを表現させる**「情動を発露する発問」**の２つに分けられる。「②正解がいくつもある発問」は，正解が１つとは限らない。児童一人ひとりの考え方や感じ方に左右されるのでいくつもの発言が引き出される。児童相互の違いを感じたり，異なる意見を聞き合うことで考えを深めることができる。この発問で注意しなければならないことは，指導の意図を明確にしないままであったり，意見を言い合えば良いという軽い意図であると，授業が深まらないという点である。児童は１時間の授業で何かを学びたいと考えているので，意見や感想を述べ合うだけで終わってしまうようでは，知的欲求を満たせず，次第に発言への意欲が減退していってしまう。

「③意見の対立を生む発問」は「農家の収入を増やすには，６次産業化と外国への輸出を増やすことのどちらが大切でしょうか」②と同じように，**児童の思考を促すことを目的としているが，より考え方や感じ方の違いを鮮明にするためにの発問である。**この発問は，「どちら」と聞きながらも白黒をつけるのではなく，それぞれの良さと足りなさを鮮明にすることでそれを包括する方法や両者に共通する考えなどを生み出すことを目的としている。注意点としては，運用方法を間違えると，教室が勝った負けたの議論になって

しまうことである。

「④思考を揺さぶる発問」は，「生産者にとってはそうかもしれないけど，消費者にとってはどうなのかな」のように，児童がこれまで学んできた認識を，別の立場や新しい資料を提示することで揺さぶり，再構成を促す発問である。これは，多角的なものの見方・考え方の育成を図るために効果的な発問である。注意点としては，児童は一度つけた認識は簡単には揺さぶられないものである。そのため，この発問を行うには，教材を提示することとセットで考えていかなければ効果は発揮しにくい。

③ 事前にできる発問と対応力を問われる発問

もう一つの分類の視点を示したい。発問について，教師の側から考えるとき，「事前に考えることのできる発問」と授業中に瞬時に判断しなければならない「対応力が問われる発問」がある。

（1）事前に準備できるもの

事前に準備できる発問は，指導案や指導計画と密接に関係している。大きく2つに分けることができる。それは，本時で一番問いたい「中心的な発問」とそれを引き出す「予備発問」である。

例えば，5年生の寒い地域の学習で考えてみることにする。一番多く使われている東京書籍の教科書では，小単元ごと作成された知識の構造図をWEBで見ることができる。そこには以下のように中心概念が記されている。

「北海道の人々は，冬の寒さや雪からくらしを守る工夫をするとともに，夏の涼しさや雪を生かした観光や広大な土地を使った農業などがさかんで，北海道の自然条件を生かしたくらしをしている。」

この中心概念を獲得するために，毎時間の授業があるのだが，教科書では，2時間目に雪の多い札幌市では毎日の除雪で雪を克服するだけでなく，雪を

観光に活用するなど利用していることを学ぶ計画になっている。この時間に一番児童に獲得させたいことは，克雪だけでなく利雪も行っているという多角的な理解である。そこで，中心的な発問を考えてみるとどうなるだろうか。わたしならば，「札幌市の人は，雪のことをどのように思っているのかな」とあえて心情面を問う。例えば，児童が「不便だと思っている」と発言したとする。その理由を問えば，児童は根拠のある事実を調べる必要に迫られるからである。「いやその逆じゃないかな」と発言する児童がいるかもしれない。すると克雪だけでなく，利雪についても検討することができる。事実だけを問う発問では，教師が問い，児童が答えるという一問一答になり，教師主導の授業になりやすいので気をつけたい。次に，中心発問を支える予備発問は，「札幌市では，雪がたくさん降っているのにどうやって生活しているのかな」と「札幌市では，たくさんの雪をどのように利用しているのかな」と事実を問うことになる。**心情→事実**と問うのである。この発問は，そのまま本時の展開となり，写真とグラフで雪がたくさん降るという事実を学び，中心的な発問から，克雪と利雪を調べるという流れができる。事前に準備する発問と本時の展開は密接な関係しているのである。

（2）対応力が問われる発問

　授業の流れと児童の雰囲気を作るのは対応力が問われる発問が鍵を握っている。これは，授業経験に左右されるため一朝一夕にはいかないが児童が生き生き学ぶ姿を生み出すために欠かせないので技量を高めていきたい。

　発問は，内容を知っている教師が，知らない児童に「あえて」聞く作業といわれる。教師は児童の様子から，どの程度理解しているのか把握し，発問によって児童をより深い考察へ導いていく。それにはいくつかの分類がある。

①意味を問い事実確認する

　「この資料から何がわかるの？」

②発言の意味を問い深める

　「それは，どういうことかな？」

③発言を繰り返させ広げる

　「〇〇さんは，なんと言ったかもう一度言える？」

④他の表現を問い深める

　「〇〇さんの言ったことを他の言い方で言えるかな？」

⑤間違ったふりをして揺さぶる

　「先生はよくわからなかったが，説明できる人はいますか？」

⑥わからないふりをして問い直す

　「そうかあ。先生は気づかなかったよ。みんなは気づいた？」

⑦根拠を問い深める

　「どうしてそう言えるのかな」

　児童の様子に応じて発問するため，分類することは難しいが上記の７つは基本的な発問だと考えている。

　児童の側と教師の側の双方から発問について考察してきたが，発問が授業の意図や目標に向かうことと，児童の主体的な学びの双方を実現するために（バランスを取るためにとも言える）重要な役割を果たしていることがわかるのではないか。教材と児童をつなぐ鍵となる。発問は実際の授業で，心がけて行なっていく必要がある。場数を踏めば踏むほど，授業で使える発問の種類が増えていく。自然と口からでてくるようにもなる。今日はこんな発問をしてみようと心がけて使っていくと良いのではないか。

ポイント

✓ 児童の学びの側から見た分類
　①正解が一つの発問
　②正解がいくつもある発問　「思考を促す発問」「情動を発露する発問」
　③意見の対立を生む発問
　④思考を揺さぶる発問
✓ 教師の側から見た分類
　①事前に準備できるもの
　②対応力が問われる発問
✓ 授業の意図やねらいを達成するために，児童と教材をつなぐもの

調べたくなる追究方法とまとめ方
その① 教科書の資料を使って調べ，考える

① 教科書のグラフを有効活用

　調べる方法は，児童全員に配布されている教科書，資料集，地図帳を使って調べることが多いだろう。それに加えて，教師が独自に作成した資料を読み込んで調べたり，インターネットで調べたり，時には，見学やインタビューを行ったりするかもしれない。見学やインタビューを行えば，児童が実感をともなって事実を知ることができるのでそのような機会を設けたいと心かけるのだが，実際には難しく，日々の授業では教科書，資料集，地図帳を使って調べることが多くなるだろう。そこで，今回は教科書のグラフを中心に据えた授業を紹介する。

　教科書に掲載されたグラフは十分に吟味されているので，児童が読み取りやすく，多くの児童にとって社会事象の理解に役立つ。これを積極的に使わない手はないと考える。ただし課題もある。それは，教科書のものそのままでは小さくてみんなで見ることはできないし，グラフの他にも本文や写真があるため，移り気な児童は集中しにくいなど，教室での授業に使いづらい面もある。この点を克服するために，事前に教科書のグラフや図を切り抜いてPDFなどにしておき，ロイロノートなどの共有ツールで児童の端末に送信して考えさせることもできる。ネット環境に不安な地域もあるだろう。その場合は，教科書にグラフをカラーコピーで拡大したものを使うことが良いのではないか。今回は，カラーコピーで拡大したもの実践を紹介する。拡大したものを児童に提示する方法も黒板に拡大したものを貼るというものではなく，プロジェクターで全体に示しても良いだろう。

② 具体的な実践「5年生：米作りの盛んな地域」

（1）準備するもの

①「農業で働く人の変化」

②「米の作付け面積の変化」

③「10アールあたりの米の生産量の変化」

④「米作りの作業時間の変化」

⑤「米の生産量と消費量の変化」

※①から⑤を黒板掲示用と班に配布するものを用意する。

（2）グラフの読み取り

　最初に，①のグラフを黒板に貼る。黒板から遠くの児童は見えにくいが，実はそれも折り込み済みなのである。児童は「先生，小さくて見えないよ」というかもしれない。そこを逆手に取るのである。「じゃあ，代表でこのグラフを読み取ってわかることをみんなに伝えてくれる人？」と言葉を返すと児童は「はい」と一斉に手をあげるので1名を指名する。指名された児童は，やる気にあふれている。黒板の前に出てきて貼られたグラフを読み取っていく。1分くらい経過したら，教室全員に向かって報告するようにうながす。

　グラフを読み取った児童は「農業で働く人がだんだん減っています」と全員に伝える。

　すると，教室の前方に座っていてグラフを読み取れる児童が「もっとわかることがある！」と声を上げる。そこで，二人目を指名する。先ほどと

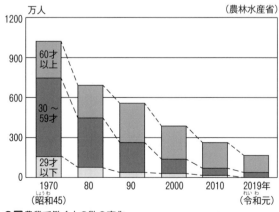

↑工 農業で働く人の数の変化

同じように読み取らせて報告してもらう。「この50年で，農業人口が半分になりました」と述べると，すかさず「もっとわかることがあるよ！」と読み取れることはまだあるという。教室の後ろの児童は「前の方ばかりずるい！」と声を上げる。黒板に貼られた１枚のグラフを読みたいと全員の視点が集中していく。そこで，「じゃあ，班に１枚ずつ同じグラフがあるので，このグラフから読み取れることを話し合おう」と言ってグラフを配布する。熱心に読み取る姿，話し合う姿が見られる。読み取りがひと段落つくころに「グラフからわかったことはありますか？」と尋ねる。すると，「農業で働く人の数が減っていることに加えて，29歳以下の若者の割合はどんどん低くなっています」「逆に60歳以上の割合は大きくなっています」と意見を述べる。グラフを吟味していくのである。次に「じゃあ，このグラフからわかる農業の課題はなんだろうか」と発問する。（この発問がいらないくらい，児童に課題を見つける力のあるクラスもあるだろう）「これじゃあ，高齢者ばかりになってしまうよ」「農業で働く人も半分になったのだから，生産量が落ちてしまうよ」とグラフから課題をつかむ。

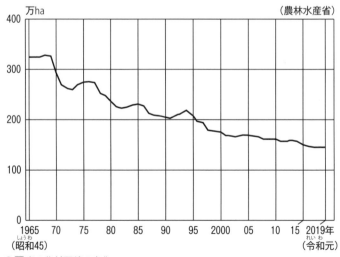

↑ウ 米の作付面積の変化

次に②「米の作付け面積の変化」のグラフも①のグラフを示した時と同じように黒板に1枚だけ貼り，次に班に配布して考えさせ，意見を発表させる。児童は「やっぱり，作付面積も減っているよ」「これじゃあ，年々生産量は落ちていってしまうよ」と課題を見つけることができる。

（3）視点の転換，関連付け

ここで視点の転換を行う。③「10アールあたりの米の生産量の変化」のグラフの登場である。10アールあたりの米の生産量は次第に増加していることがわかる。

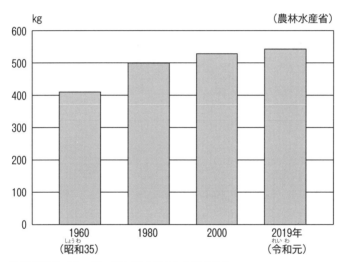

↑カ 新潟県での，10ａ当たりの米の生産量の変化

すると児童は，「同じ面積だとしたら，お米の取れる量は年々増えているから，生産量はそこまで落ちていないのでは？」とこれまでとは異なり，将来の稲作への期待が湧いてくる。

次に④のグラフを見せる。

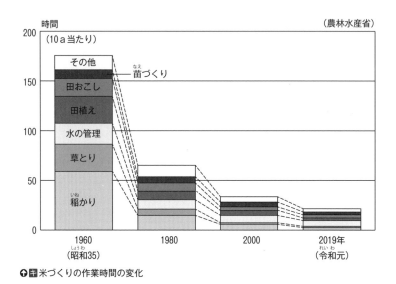

↑キ 米づくりの作業時間の変化

「機械化が進み作業時間が減ったんだ」「機械化が進めば高齢者でも農業を続けられる」と見方を変えていく。

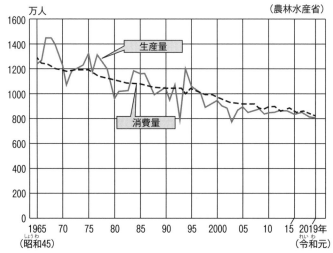

↑ア 米の消費量と生産量の変化

ここで「お米の生産量はどうなっているでしょうか」と発問し⑤「米の生産量と消費量の変化」のグラフを配布する。「作付け面積ほど減少していないけど，生産量は減少している」「機械化が進んでも，農業人口の減少は補えないか」と意見を述べていく。（食料自給率の学習につながっていく）最後に，「お米の生産業が減っている原因は他にもないかな？教科書や資料集で調べてみよう」と問い，次の授業で行うことを告げる。児童は，食生活の変化や農業機械の価格の高さなどにも注目していく。

　教科書に掲載されているグラフを読み取り，関連づけて，米作りの抱える課題をつかみ，考えることがでた。教科書の資料提示と配列で深い学びが形成される。

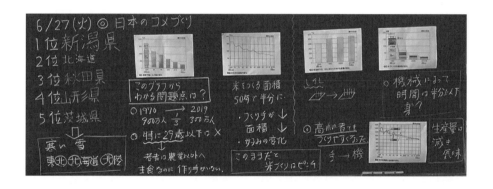

✎ ポイント

　✓ 教科書や資料集のグラフはとてもわかりやすく，児童に提示する順序を工夫するとグラフを組み合わせて，多様な思考活動を生み出せる。
　✓ グラフの読み取り→グラフとグラフを関連づける→課題→更なる追究と，1時間の授業のみならず，次の授業へもつなげることができる。

第10節

調べたくなる追究方法とまとめ方

その② 板書の書き方 多様な世界が広がる板書

① 板書の役割

　板書について石井英真は「教師と子どもたちによる言語的・非言語的コミュニケーションは，それを文字や絵，図にしなければ，流れていってしまったり，個人の中に残らないし，残ったとしてもあいまいな認識ににになりがち」なものを「黒板に文字，図，絵などをチョークで書くことによって，子どもの学習を援助する働き」だと述べ，「指導内容や学習課題を提示・説明する」「指導内容を要約・整理して授業過程を明確化する」「子どもたちの思考活動を触発・組織化する」機能があるとしている[vii]。

　私は板書について，教師の教えたいことを児童に伝える役割を果たすとともに，児童の思考活動を深めるという，教師と児童の側の双方から見た視点が欠かせないと考えている。また，板書は児童とのコミュニケーション機能も有していると考えている。例えば，文字をいつもより大きく書くと児童は「先生！大きすぎるよ」と笑顔でリアクションする児童がいる。教室は一気に和む。「今の意見はなんて書いたらいいかな？」という発問と組み合わせれば，「〇〇って書いたらいいんじゃない？」と友達の発言を解釈する場面を生み出すこともできる。書く速度を早くしたり，遅くしたりすれば，児童のノート記述を促し，その技能を高めることもできる。そのような点を踏まえると，発問と同様に，**授業を組織化し，児童の思考活動を深めるためには，事前の板書計画が必要**である。そして，それを運用して，児童とのミュニケーションを豊かにする経験と技術が必要になると考えている。そのため，板書は多様で，一つの型に収めることはできない。

しかし，板書についての一般的な考えとして，次のような板書が想像できる。左上に学習問題が書かれ，そして，右側と左側に，学習問題を解くための資料の拡大図などが貼られており，中央には取り上げる事柄の説明や児童の意見などが書かれていく。最後に本時のまとめが右下に書かれている。このような板書は解決への道筋が見えるようになっているので，良い板書の例として広く知られているのではないか。

　私もこのような板書を作ることを基本としているが，前述した理由から，授業のねらいや場面，児童との関係によって，この例に当てはまらない板書を使い分けている。分類することはとても難しいのだが，4つ示すことにし，それぞれについて具体例を挙げていく。

①複数の立場から考える板書
②児童が参加する板書
③時間経過と深まりを表す板書
④立場を決める小黒板

② 実例① 複数の立場から考える板書

　一つの社会事象を複数の立場から考える多角的なものの見方・考え方をすることの大切さをP65において述べた。多角的に考える授業では，子ども一人ひとりの判断が異なるため，進んで意見を述べながら学ぶ主体的な授業が形成されやすい。板書でも異なる２つ以上の立場から考えている様子を示したい。しかし，一般的な板書のように問題→解決という単線の流れにならず，意見が多岐に渡ってしまうので，板書計画をしっかり立てたい。基本的な配置は以下のようになる。

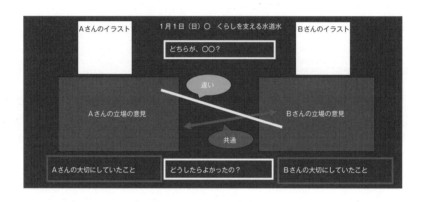

　この板書のポイントは以下のようになる。

①問題を真ん中に書く。
②左右に２つの立場の人物の肖像を貼る。
③２つの立場を選んだ理由などを肖像の下に書く。
④両者の違いや共通点を矢印や太線で結んだりする。
⑤それぞれの立場の大切にしていることをまとめる。
⑥次の時間につながる問題を書く。

①②③の左右でそれぞれの立場に分けて意見を書くことは難しくないだろう。教師も児童のそれぞれの立場の違いを鮮明にすることができる。

　一方で④⑤はやや難しい。本時のまとめに向かって，共通点や差異を明らかにする場面だからである。例えば共通点を見つけたいのならば「何度も出てきた言葉はなんだろう？」と発問してその言葉を色チョークで囲んでもいい。「Aさんの大切にしていることってなんだろう？」と発問し，概念化しても良い。「Aさんとは違う，Bさんのこだわりってなんだろう」と発問し，差異を見つけ出すことも良いだろう。このようにして，A，Bの異なる立場から考える学習を作り上げていきたい。

　具体例をいくつか示す。

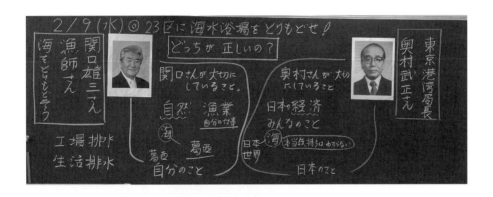

　これは，3年生のまちの移り変わりの単元である。東京湾の埋め立ての賛否について考える場面である。左にもと漁師で50年ぶりに東京湾に海水浴場を復活させた関口さん，右に東京湾の埋め立てをした当時の東京港湾局長奥村さんである。それぞれの大切にしていることを板書していることで，両者の大切にしている価値の違いがわかる。

　上は，４年生「東京土産は何にする？」と板書である。どちらが東京土産としてふさわしいのかを話し合っている場面である。左側は東京ばな奈，右側は人形焼である。機械生産と手作り，最新と伝統，それぞれの違いを板書するとともに，どちらもお客様のためという「心」は同じであることに気づいたことを，板書でもわかりやすく示している。

　最後に，応用編を。これは，大仏づくりを聖武天皇と庶民の立場から考察したものである。児童の意見を，聖武天皇と庶民の２つと立場の意見に分けて板書していく。さらに，菩薩と慕われた行基の立場は聖武天皇と庶民の間のどこに位置するかも考える。

　板書写真では，聖武天皇と庶民の真ん中に書かれているが，授業では子どもたちに行基の写真を動かしてもらいながら，検討していった。（写真②）

　聖武天皇と庶民の２つの

↑写真②：児童に行基は聖武天皇よりなのか，庶民寄りなのか，行基の写真を黒板上で移動しながら説明している様子。

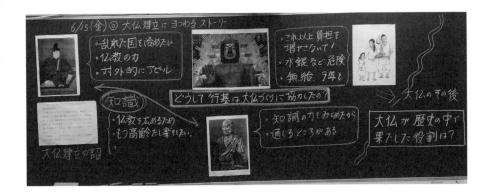

立場からの考えを整理することで，大仏づくりについて，「聖武天皇は，飢饉や自然災害，反乱で乱れた国を，仏教の力でまとめたいと考えただろうけど，庶民にとってはただでさえ大きな税の負担に加えて，大仏づくりは大変だったと思う」など多角的に意見をまとめることができた。

　また，行基の立ち位置を黒板で動かしながら考えることで，「聖武天皇の仏教の力で国を治めたいという願いを僧侶だから理解していただろうし，庶民とともに慈善事業をしてきたので，庶民の苦しさもわかっていたから，両者の間に入って，うまく調整したのではないか」という意見を持つに至った。

　板書づくりは，教師だけのものではなく子どもも関わって欲しいという願いからである。このような学習を通して，聖武天皇と民衆，行基の関係性をまとめることができた。

✍ ポイント

✓ 複数の立場から考える板書は，左右にそれぞれの立場について意見をまとめる。
　そして，共通点や差異を導き出していく。
　さらに，児童を関わらせる工夫もできる。

授業を組織化し，児童の思考活動を深めるためには，事前の板書計画が必要だと述べた。では，どれ程の板書計画が必要なのか考えてみたい。例えば，板書計画と授業後の板書が全く同じということは考えられない。**劇とは異なり台本がないので，教師の発問に対する児童の発言が，完全に教師の予定通りということは考えられない。**

　しかし，前述したように，「中心的な発問」とそれを引き出す「予備発問」の2種類の発問は，指導案や指導計画と密接に関係しているため，計画通りに行うように努力する必要がある。基本的な展開について，学習問題や資料，考えを深める場面などは事前に板書計画を立てることができる。

　一方で，教師の発問に対する児童の発言は，ある程度の予想を立てることはできるが，一言一句同じにはならないだろう。（事前に教師が児童のノートを精査していれば可能かもしれないが）そのため，その部分の板書計画は，大まかにしておいて良いだろう。

　実際の板書計画と実際の授業の差は以下のようになる。

上が板書計画，下が実際の授業での板書である。直前になって，写真の変更など細部は異なるものの，おおよそ同じ流れである。板書計画をもとに，児童の実際の発言をもとに要点を板書して，授業板書が出来上がる。以前は，板書計画時に，もう少し児童の発言を書き入れていたが，**児童の委ねる部分が増えてきた。本筋を外さない程度に，その時の児童の状況に流されることもできるようになってきたので現在はこの程度**にしている。

　このように，板書計画は立てるものの，児童の発言までコントロールすることは控え，児童の言葉を生かして板書を作っている。

　児童が参加する板書をさらに発展させた例を示す。

　5年生の食糧生産で，十年後という近未来の水産業はどうなっているのかを予想して，国産天然・養殖・輸入の立場に立って考察する授業を行なった。

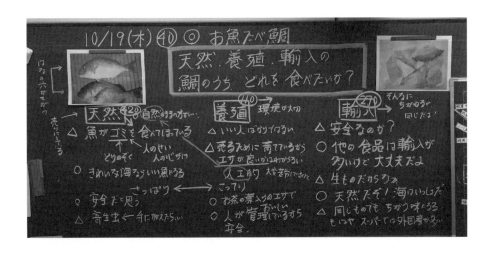

　この板書を書く順は次のようになる。

①写真を貼り学習問題を書く。

②天然，養殖，輸入，それぞれの立場の意見を教師が白いチョークで板書し

ていく。

③自分とは異なる立場の意見でも，納得のできる意見を黒板の前に出てきて，色チョークでアンダーラインを引いてもらい，その理由を話す。

　また，自分とは異なる立場でも，納得できる意見には，**児童に黒板の前まで出てきてもらい，アンダーラインを引いてもらう方法**も行なった。これは，板書において児童の意見を取捨選択したり，色分けしたりするのは教師の価値観に偏るという反省から，**児童の価値観を板書にも反映させ，一層の授業への主体的参加をねらった**ものである。

　児童は私たち教師の想像以上に，教師が自分の意見をどのように取り上げられるのか気にしている。「先生は板書してくれるかな」「赤字で書いてくれた」「○で囲んでくれた」「書いてくれなかった」と期待したり，喜んだり，心を痛めている。周りの目を気にしたり，批判力の高まる高学年になればなおさらである。わたしたち教師には，授業のねらいを達成し，児童に身につけてほしい学習内容を持っているので，どうしても授業意図に近い発言ならば色チョークで書いたり，まるで囲んだりしてしまことが多い。

　しかし，子どもの側に立った時，「私の意見は採用されない」という児童の悩みを産んでしまったりして，授業への参加意欲を損う原因を作っている可能性も否定できない。そこで，色チョークを引くなど，発言を評価したり，価値づけたりしているように映る作業を子どもたちに任せることを実践している。私は６年生になると児童の発言を全て白字で黒板に書く授業をよく行う。そして，子どもたちの発言がひとしきりでた段階で，「自分とは異なる立場の意見でどの発言が大切だと思った？」と尋ねる。そして，児童に黒板の前に出てきてもらい，大切だと思った発言に色のチョークで線を引いて説明してもらう。線を引いてもらうと驚くべきことに，児童が赤線を引く場所は私の意図と重なってくることが多い。自分たちの力で授業のねらいに近づいていける。

　児童は，線を引かれ友達に認められる喜びを味わえるし，友達の発言をよ

く聞くことにもつながる。何らかの形で子どもたちを黒板づくりに関わらせることで，授業への主体的な参加を促すことができる。

　同様の例として，６年生の大仏建立の授業の場面を示す。

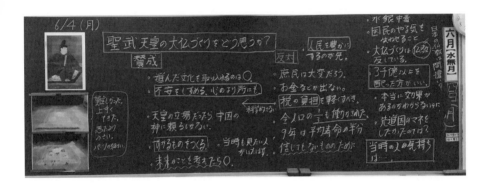

　聖武天皇の大仏づくりに賛成か反対か，意見を述べ合った後，反対の立場の意見について，納得できる部分に色チョークでアンダーラインを引いてもらった。

👆 ポイント

- ✓ 板書計画を立てて，授業の展開を整理し，狙いを達成できるようにする。ただし，中心発問や資料の位置などは決めておいても，児童の発言まで全て決めておくことは児童の参加を減退させる可能性もある。
- ✓ 教師は，児童の言葉は全て白チョークで書き，色チョークでアンダーラインを引いて価値づける作業は児童に委ねる方法もある。

④ 実例③　時間経過と深まりを表す板書

　社会事象を見つめる視点として，時間の経過による変化は欠かせない。下
の板書は５年生の水産業の授業である。

　黒板を上下２段に分けると，**上段には赤潮被害が漁師の活動経過を左から
右へと時間が流れるようにはっていく。下段には，取り組みの具体を児童の
発言をもとに板書していく。**時間の経過とともに，次第に赤潮が克服され，
地域の人々のつながりが深まっていく様子がわかり，社会事象への認識を深
めていける構造になっている。

　同じように，時間の経過を学習する場面だが，下の板書は３年生の「まち
の移り変わり」の学習である。

　こちらは，**左側に50年前の東京湾，右側に現在の東京湾を示して**，過去と

現在を比べている。過去と現在という2つを見比べることで考えやすくしているとともに，**板書の文字をなるべく減らして児童がノートに板書を写す時間を割かれすぎず，考えを深めたり，発言したりする時間を増やしてほしい**という願いから，あまり細分化せずに無理のないようにしている。板書は「児童の思考基地」という言葉もある。本時の目標を達成するために，授業のねらいや発達段階に応じて，工夫することが大切であろう。

　そのほかの板書についても示したい。

　下の板書は，4年生の廃棄物の学習のものである。家庭から出されるいくつもの廃棄物をカードにし，裏にマグネットを貼っておいて黒板上で移動できるようにしておく。児童にも，グループごとに同様のカードを配布して，まずはグループごとに分類を検討する。そして，全体の意見交換は，**板書のカードを動かしながら検討していく。多くの児童が参加できる仕組み**である。私の学校は附属小学校のため，区によって分別の方法が若干異なるということもわかった。自治体によって廃棄物回収の方法が異なること，そして，回収方法によってリサイクル率にも大きな違いがあることに気づいていく。

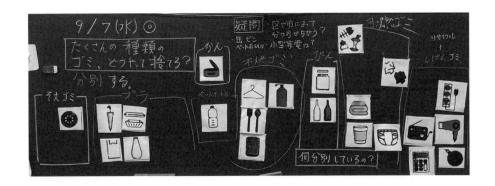

　下の板書は，4年生の水道水の学習である。浄水場の見学を終えた後に，浄水場の仕組みをまとめる場面である。

授業の流れとともに，問いが修正され，本時の目標へたどり着く。

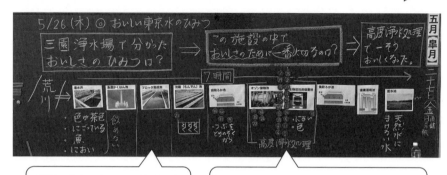

見学のまとめとして，浄水場内施設の写真を児童に並べさせると盛り上がる！

美味しい水道水を作るために「一番大切な施設は？」と発問しマグネットを貼らせると，浄水場の一番の工夫が一目瞭然

　事前に，見学に行った浄水場の中にある施設のカードを作り，動かせるようにしておく。これらのカードを最初は，ランダムに黒板の右隅に貼っておく。

　次に，左端に河川を板書し「最初のカードはどれでしょう？黒板に貼れる人？」と発問する。児童にカードの中から適当なものを選んで貼ってもらい，全体に「合っていますか？」と確かめる。それを繰り返して（今回は10枚）全てのカードを一列に並べる。**全員で力を合わせて一列に並べる。**7時間かかるなど**事実を押さえる。**

　そして，浄水場に入ってくる河川の水を見たり，匂いをかいだりした感想を述べさせる。さらに，完成した水道水から感じたことを述べさせる。**見学で感じたことを話させる**のである。すると浄水効果の凄さを改めて**実感する。**

　最後に，「この施設の中で，おいしさのために一番大切なのは？」と発問し，個人マグネットを貼ってもらう。すると，高度浄水処理が大切だという意見が大勢を占め，**次の学習への焦点化を図る**ことができる。

このように，板書を使って，事実を整理すると，時間的な経過を概観することができる。そして，時間の流れの中で，一番重要だった出来事や施設などを選ぶことで，単元の中で児童に学んでほしい内容へと焦点化することにもつながる。

　以上のことから，板書は社会的事象と児童をつなぐとともに，児童相互の関係もつなぐことができる。考えを深めるための「ハブ」の役割をしていると考えている。そのために，私が大切にしているポイントを書き記したい。

✋ ポイント

1　板書は多様であり，学習活動によって変化させる。バリエーションを少しずつ増やしていくようにしたい。
2　児童の教材である社会事象をつなぐ役割がある。また，児童と児童をつなぐ役割も果たしている。
3　そのため，考えを深めることができるように一見してわかるようにシンプルに整理する。児童がノートに要点をまとめるときにも役立つ。
4　カードを動かしたり，大切だと思うところに色チョークでアンダーラインを引かせたりと，児童が黒板を使って説明する機会を増やしたい。

「どちら?」「ふさわしいか?」「納得できるか?」など,児童に判断させるような場合,黒板とは別に,小黒板を使って立場を示すとわかりやすい。

　これらの判断は,1時間のみという場合もあるだろうし,単元を通してことあるごとに判断させていくという場合もある。

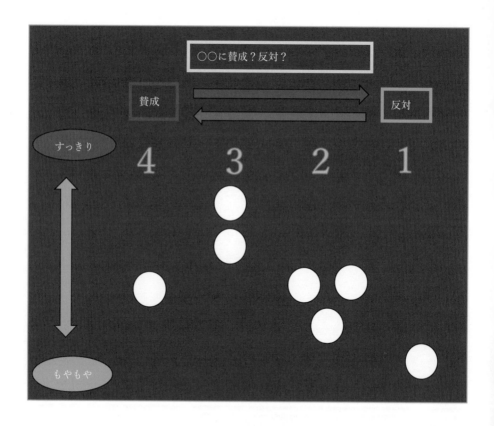

　上の図にモデルを示した。**横軸に賛成か反対か。縦軸はすっきりかモヤモヤするかを示している。**

　横軸は,賛成4,やや賛成3,やや反対2,反対1となっている。4と3

の間ということも許容する。

　縦軸は，児童がはっきりと迷わず賛成ならば上の方「すっきり」に置く。逆に賛成でも，もう少し調べてから決めたいとか，現時点では，という心に迷いがある場合は「モヤモヤ」におくようにする。

　すると，賛成か反対かだけではなく，**児童一人ひとりの判断の自信や迷いを知ることもできる。**授業が進むにつれて，社会事象への理解が深まるので基本的には「モヤモヤ」から「きっぱり」に移っていくことが多いが，別の立場から社会事象を考えたり，価値がもう一つ生まれるような場合には「モヤモヤ」が増えることもある。

　また，下のように，2つの立場だけでなく，3つの立場でも可能である。マグネットには番号を使っているが，名前でも良い。

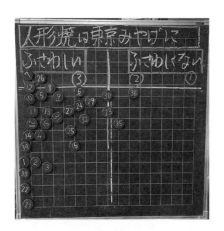 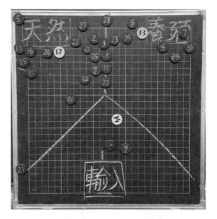

👆 ポイント

✓ 横軸に「賛成」か「反対」か。縦軸は「すっきり」か「モヤモヤ」。

✓ 「すっきり」「モヤモヤ」で児童一人ひとりの判断の自信や迷いを知ることもできる。

調べたくなる追究方法とまとめ方

その③　ノートの書き方　まとめ方

○ ノートとは何か？

　子どもの頃，真っさらなノートを開くと，気持ちが高ぶり「よし，勉強がんばろう！」という気持ちになった。残念ながら，その気持ちは儚くも敗れることになることがほとんどである。しかし，2冊だけ例外がある。中学校の歴史の学習として自主的にまとめたノートはあれから30年以上経った今も，私の手の届くところにあり，大切にしている。同じように大学生の時に作った教育実習記録も大切に手元に残している。逆に言うとそれ以外の何百と書いてきたノートは全て私の手元には残っていない。では，どうしてこの2冊が私の手元に残り，今後も残り続けるのだろうか。そこに，ノートの書き方で大切なことがあると考える。

　ノートには，目的によって使い分けがなされている。

①覚えるためのノート。例えば漢字練習帳など。
②アイディアを練ったり，メモを取るためのノート。雑記帳など。
③授業内容や授業の要点をまとめるノート。いわゆる授業に使うノート。
④自主学習ノート。自分のこだわりや調べたことをもとにまとめるノート。

　①②はここで言及するに及ばないだろう。「③授業内容や授業の要点をまとめるノート」「④自主学習ノート」について考察する。前述した私の中学校の時の歴史ノートは，**学習内容を超えた知識＋自分で考えたコメントと**

少々のイラストからなっている。現在も保存している理由は作ることが大変だったという理由が半分を占めるが，残りの半分は，その時のコメントと少々のイラストが思い出深いからである。教育実習記録を手元に残し続けている理由も，毎日の授業参観の記録や自分の授業の反省が書かれていて，30年近く前の自分に出会うようだからである。そこには，**自分だけの記録があり，他者には書けないもの**であるという共通点がある。**自分だけのオリジナル**だからである。

　社会科ノートの役割を考えた時，「③授業内容や授業の要点をまとめるノート」という視点は欠かせないだろう。学習内容を整理して書き留める作業は，社会認識への理解を深めることができる。それに加えて「④自主学習ノート」の視点を加えなければならない。自分で考えたことや意見を書き留めることが大切である。社会事象を自分はどのように考えるのか？どうすべきなのか？それは，思考力・判断力を育成することにつながる。このことを踏まえると，社会科ノートに書くべきことは，以下のようになる。

社会科ノート

> A学習内容を整理して書き留める
> 「社会事象への理解を深める」

＋

> B自分の考えや意見を書く
> 「思考力や判断力を育てる」

> C　自分だけのオリジナル
> 「愛着と自分の学習への誇り。学びに向かう力」

主体的な学びとは何か？
教室空間の主体性と教材世界の主体性

① 「当事者性」と「自分事」

　授業の参観者から①「今日の授業は子どもが意欲的に学習していましたね」，②「教材について，自分のことのような気持ちで話し合っていましたね」と感想が語られたり，その逆の感想を述べられたりした経験があると思う。筆者が採用されて間もない頃に次のような経験をしたことがある。

　当時，一つの学年に複数の学級がある学校に勤務していた。当然主任や先輩の先生も社会科授業で同じ単元の授業をすることになる。筆者は，教材研究に関しては先輩の先生方に引けを取らない（正直に言えば圧倒している）と感じていた。教材に対する理解やネタとしての教材も上回っていると自信を持っていた。しかし，実際の授業になると先輩方のクラスの児童はとても意欲的に学習を進め，進んで挙手をする児童はクラスのほぼ全員だった。ノートも丁寧に書き，まとめまで児童の言葉で作り上げていた。児童が授業を精一杯やろうという気持ちが伝わってきた。

　一方の筆者はどうか？教材開発をしたネタは児童の興味を引くことには成功している。その教材に対して意欲的に考えてはいたが，全員が挙手をしているとは言い難い。先輩のクラスの児童に対して，児童が進んで授業を作り上げようという意欲が若干弱いため，一見した印象は先輩の授業の方が好ましく思えるのではないか。

　このことについて，冒頭に記した，①「今日の授業は子どもが意欲的に学習していましたね」，②「教材について，自分のことのような気持ちで話し合っていましたね」について考えてみる。①「今日の**授業は子どもが意欲的**

に学習していましたね」については，先輩の先生方の授業はこれに当てはまっていると考える。しかし，②「教材について，**自分のことのような気持ちで話し合っていましたね**」については，どうだろうか。必ずしも先輩方の授業が私の授業を上回っていたとは言えないのではないだろうか。それは①が，授業規範＋学習内容への意欲について語れるのに対して，②は授業内容への意欲が発言の意図の大部分を占めているからだと考えるからである。筆者はそれを「教室空間」と「教材世界」という言葉を使って説明することにする。

② 社会科授業の2つの世界「教室空間」と「教材世界」

　私は，社会科授業には「教室空間」と「教材世界」の2つの学習空間があると考えている。

　1つ目の「教室空間」は言葉の通り，教室での児童の学習への姿勢である。少し極端な言い方をすれば，授業規律（規範）を含んでいると言って良い。進んで意見を述べたり，ノートを書いたり，話し合ったりする活動への意欲である。これらは社会科以外のどの教科でも大切にしなければならないことである。教室の子どもたちが「授業はこの場にいるみんなで創るもの」という意識を自覚しているかどうかが鍵を握っている。筆者ら教師は紛れもなく授業を構成する当事者であるが，児童もまた授業を形成する当事者である。観客でも参観者でもなく，より良い授業を創り出す大切な一人であることはいうまでもない。児童の授業への参加意欲は，日々の授業の中で児童を，褒めたり，認めたり，時に励ましたりしながら伸ばしていく。授業に参観者が「今日の授業は子どもが意欲的に学習していましたね」「先生のクラスは進んで発言していて素晴らしいですね」と感想が述べられるのは「教室空間」への主体性を感じてのことだろう。これは，全ての教科で大切にされて，学級経営と重なっているだろう。

　2つ目の「教材世界」は授業者が作りだす，社会科の教材の中の世界である。例えば，水産業の学習であれば，〇〇港の漁師さん，加工会社の方，消費者などがいて，後継者不足や天然資源の枯渇などの問題がある，教材の中

の登場人物が織りなす学習する世界である。これは，「教室空間」とは異なり，社会的事象を扱う社会科独特の世界観と言って良い。授業後の感想で「自分のことのように考えていましたね」「当事者のように発言していましたね」という言葉はここからくるものである。社会科の授業では，教室空間とは別に授業の中で生み出せる「教材世界」がある。授業で取り上げる教材世界の中で登場する人物（例えばAさん）への理解と共感が鍵を握っている。

③ 教材世界の当事者性とは

下の表を見ていただきたい。

	児童	教師	教材世界の中のAさん
教室空間	当事者	当事者	
教材世界 （自分が住んでいる地域）	当事者	当事者	当事者
教材世界 （自分が住んでいたい地域）	当事者性	当事者性	当事者

「教室空間」行を見ていただきたい。教室の中では，教師も児童も授業を作る当事者である。教材世界（自分が住んでいる地域）は，教材が自分の住んでいる地域の場合である。この場合，児童も教師も自分の住んでいる地域社会が教材になるので，教材の世界においても当事者である。教材世界と実際の社会が重なっているのである。3年生では自分の地域から学習を始める理由は教材への当事者意識を生み出しやすいからである。しかし，教材世界（自分が住んでいたい地域）になると事情が異なってくる。教材が自分の地域ではない場合，児童も教師も直接的な当事者ではない。このため，教材として取り上げる社会問題を自分のこととして感じにくくなってしまう。こ

こでは，なんらかの方法で，児童が学びに向かうための「当事者性」を涵養しなければならない。5年生以上の学習は，国土や世界，歴史を学ぶので，住んでいる地域教材を扱うことは少ないため重要な視点だと言える。授業後の感想で「自分事として捉えていない」というような意見が聞かれたら，児童の教材世界への当事者性の欠如を感じての発言だろう。

　このように，**社会科授業は「教室空間」と「教材世界」の双方をコーディネートしていく必要がある**。若き日の筆者の悩みはこのように考えると解消される。「教室空間」で児童に授業の当事者であるという意識を持たせることも大切だろう。しかし，それだけではなく，児童が興味を持って学習を進めることができるように教材の研究を重ね，「教材世界」の中での当事者性を獲得できるように授業を作っていく必要がある。

☞ ポイント

- ✓ 社会科授業には「教室空間」と「教材世界」の2つの学習空間がある。
- ✓ 「教室空間」は教室での児童の学習への姿勢である。少授業規律（規範）を含んでいると言って良い。
- ✓ 「教材世界」は授業者が作りだす，社会科の教材の中の世界である。
- ✓ 社会科授業は「教室空間」と「教材世界」の双方をコーディネートしていく必要がある。

比較から生まれる深い学び

① 2つ以上を比べることで得られる判断の拠り所

　学習指導要領に見方・考え方の例として「比較・関連・総合」が挙げられている。私たちは物事を判断する際に，複数のものと比較して判断すると，長所や短所を掴みやすくなり，それをもとに判断しやすい。特に，生活経験や学習経験が少ない児童にとって，1つの事例をもとに判断するより，2つ以上の事柄を比べて考え，判断することで学習を深めることができる。

　例えば，資源化率という指標がある，総排出量を総資源化量で割って百分率で表したものである。読者の皆様は，もしご自分の自治体の資源化率が20％だとしたら，ご自分の自治体の取り組みをどのように評価されるだろうか。「よくわからない」「もっと他の情報を知りたい」という意見がおおいのではないだろうか。20％という数字だけで判断することはなかなか難しい。そこで，全国平均が約20％であることと比べたらどうだろうか。自分の住んでいる自治体の取り組みはおよそ全国的に平均なのだろうと評価できる。

　このように，事象を一つの物差しだけでは評価しにくく，2つ以上の事柄を比較するとによって判断の拠り所ができるのである。それでは具体的な授業場面を述べることにする。

② 比べることで深い学びにつながる

　4年生の廃棄物の学習で，児童の暮らす東京都の廃棄物処理を学んだ。その中で児童が一番関心を寄せたことは，東京湾にある廃棄物の最終処分場があと50年程度でいっぱいになることだった。そこで，ゴミの削減方法につい

て追究していった。児童が考えたゴミの削減方法は３Rの推進，特にリサイクルを行うという案だった。授業では，児童に下の表を提示した。

	リサイクル率（パーセント）
全国平均	20.6
札幌市	23.1
仙台市	19.0
さいたま市	20.0
東京23区	18.3
横浜市	25.7
川崎市	19.5
名古屋市	25.7
京都市	11.2
大阪市	8.2
神戸市	14.9
広島市	11.3
福岡市	8.9
上勝町	77.2

平成25年　自治体別リサイクル率調べ

　東京のリサイクル率は全国平均を下回っていることがわかる。児童は削減への思いを一層強くする。さらに児童は一番下の欄の上勝町の77.2％の高資源化率に気付く。児童は，大変驚きと強い関心を持って，上勝町の取り組みを追究していった。

すると上勝町では，51種類の分別を行い高資源化率を実現していることがわかる。このことを知った児童は「51分別は東京はできないのではないか」との判断を下す。確かに，上勝町の人口は1300人余り，東京都の人口は，1300万人余りと１万倍もの違いがある。これだけ大きな違いがあれば，上勝町の仕組みを東京都にそのまま適応させることはできない。児童の懸念は当然だろう。多様な考えや生活スタイルの人がいるし，51分別を行う収集場所のスペースもない。

　そこで，廃棄物の有料化を取り上げる。廃棄物の有料化は多くの自治体が導入している，ゴミ袋に処理費を添加して販売し，ゴミの削減と処理費用捻出の両方を支えている方法である。この方法と上勝町を比べると児童は「上勝町の方法よりゴミを減らせると思う」という判断をしたり，逆に「有料化にしたらポイ捨てや不法投棄が増えるのでは」という反対意見が出たりする。比べることで，両方の取り組みの差異が明確になる。

　最後に右の資料を配布する。これは，有料化を始める前のごみの量を100として，その後の推移を数字で表したものである。全ての自治体で有料化導入１年目はゴミを削減することができるのだが，２年目以降は再び増加に転じてしま

7月31日（日）資料

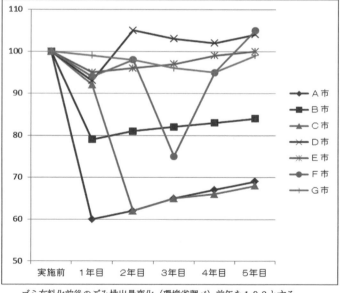

ゴミ有料化前後のごみ排出量変化（環境省調べ）前年を１００とする

う。中には，導入前の100を上回る自治体もある。一方で上勝町は年々廃棄物を減少させているのである。児童はどうしてこのような違いが現れるのか意欲的に追究していく。

　すると，上勝の取り組みは，「ゼロ・ウェイスト」という理念に基づき，ゴミを削減することだけでなく，無駄のない生活スタイルへの転換を志す取り組みであることがわかっていった。そのため，リユースを行い，町の商業施設も「ゼロ・ウェイスト」を理解し，廃棄物の削減に努めた取り組みをしていることがわかる。単純にゴミを減らすだけではなく，市民の生活への考え方に秘密があることに気づいていった。廃棄物処理に対する学びが深まっていったと言って良いのではないだろうか。

　このように，「比較→判断→追究」の繰り返しで学習が深まる事例を示した。「比べる」ことは判断のよりどころを得て学びを深めるために有効である。

✋ ポイント

- ✓ 事象を一つの物差しだけでは評価しにくく，２つ以上の事柄を比較するとによって判断の拠り所ができるのである。
- ✓ 「比較→判断→追究」の繰り返しで学習が深まる。
- ✓ 「比べる」ことは判断のよりどころを得て学びを深めるために有効。

深い学びの実現に欠かせない 社会的な見方・考え方

① 社会的な見方・考え方とは何か？

学習指導要領（平成29年度告示）解説社会科編P18に下記のような記述がある。

> 「社会的な見方・考え方」は（中略），社会に見られる課題を把握して，その解決に向けて構想したりする際の「視点や方法（考え方）」であると考えられる。そして，「社会的な見方・考え方を働かせ」るとは，そうした「視点や方法（考え方）」を用いて課題を追究したり解決したりする学び方を表すとともに，これを用いることにより児童生徒の「社会的な見方・考え方」が鍛えられていくことを併せて表現している。こうした「社会的な見方・考え方を働かせ」ることは，社会科，地理歴史科，公民科としての本質的な学びを促し，深い学びを実現するための思考力，判断力の育成はもとより，生きて働く知識の習得に不可欠であること，主体的に学習に取り組む態度にも作用することなどを踏まえると，資質・能力全体に関わるものである（中略）「社会的事象の見方・考え方」は，「位置や空間的な広がり，時期や時間の経過，事象や人々の相互関係などに着目して（視点），社会的事象を捉え，比較・分類したり総合したり，地域の人々や国民の生活と関連付けたりすること（方法）」（下線部筆者）

ここからわかることは，

・見方・考え方は，課題を把握して，課題解決に向かって追究していくために欠かせないこと。
・見方・考え方は，鍛えられていくこと。
・社会的な見方は「地理的・歴史的・相互関係」であること。

の３点だといえる。日々行っている授業においては，地図やグラフ，年表の読み取りなど，意識をしないうちに社会的な見方・考え方を発揮させていることもあるだろう。しかし，社会的な見方・考え方を発揮するだけでなく，鍛えることが求められている以上，意識して育成していく必要がある。具体的に，社会的な見方・考え方の育成を目指して行った実践をもとに考えていく。

② お土産を選ぶ力で鍛えられる社会的な見方・考え方

　今回取り上げる実践は４年生の学習「県内の特色ある地域」に工夫を施したものである。お土産を通して地域の特色を考えていく実践である。お土産は，旅先から帰ってくる際に，ご近所や縁者にその土地にちなんだ品物を贈るものである。日本の場合は食品を購入して配ることが圧倒的に多く，自分で食べることだけでなく，知人に配り歩くことが主目的になる。そのため，**お土産お菓子にはその土地の歴史や文化，風土が含まれているものが多い。**理由は，配り歩いた際の会話の中で，お土産をきっかけに自分が旅した地域の風土の話題に触れることができるなど，会話が豊かにする効果があるからである。「土産話」という言葉があることからも，日本のお土産がコミュニケーションの方法と密接に関係していることがわかる。

　このように，日本のお土産お菓子は，コミュニケーションの手段としての機能上，土地の歴史や特徴を含んでいるものが多く，旅先にふさわしい土産を考えることは，その土地の歴史や産業，風土などを見つめることにつながるのである。

③ 基準を作ることで，見方・考え方が成長していく

　クラスでより良いお土産を選ぶ目安を考えていくのだが，単元の導入は，東京駅で自由にお土産を購入してきて，班のメンバーと交換するという活動にした。下の図のように最初は個人的な好みで購入してきている。しかし，「お土産とは何か」考えていく中で，「相手が喜び，自分が行った旅先のことを伝えるためには」という視点を得て，一面的な見方でお土産を選んでいた児童は，お土産を吟味するようになって行った。

　学級で「お土産の条件」を考えていった。前述したように，その機能上，旅先であるその土地の歴史や文化，風土が含まれているものが多いため，お土産を選ぶことは，**地域の地理的，歴史的といった社会的なものの見方や考え方を発揮できる**のである。

　この「お土産の条件」は，単元を通して変化させていく。条件を見直していく。

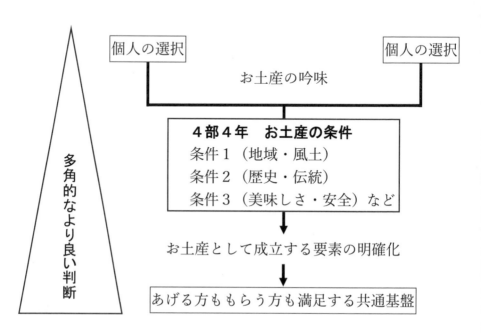

学習指導要領解説に，社会的な見方が「地理的・歴史的・相互関係」と記されていると，児童がそういう見方をする必然性を感じていなくても，私たち授業者は，どうしても，調べる視点や考える根拠として，地理的に見るとどうなるかな？歴史的に見るとどうなるかな？と児童に投げかけてしまいそうである。しかし，このように，あげる方ももらう方も多くの人が幸せになる条件を考え，その条件として「歴史」「地理」「工夫」などの社会科で大切にするべき視点が入っていたら，児童に必然性を持たせることができ，背伸びをさせすぎずに「社会的な見方・考え方」を発揮させることができるのではないだろうか。

　このように，社会事象を見つめる社会的な見方・考え方を鍛えていくことにつながるという工夫である。具体的な実践は実践編において述べる。

🖐 ポイント

- ✓ 見方・考え方は，発揮させるだけでなく，鍛えられていくこと。
- ✓ お土産は，旅先であるその土地の歴史や文化，風土が含まれているものが多いため，お土産を選ぶことは，必然性を持って，地域の地理的，歴史的といった社会的なものの見方や考え方を発揮できる。
- ✓ 「お土産の条件」は，単元を通して変化させていくことで，社会的な見方・考え方を鍛えていくことにつながる。

考えたくなる体験１：
お土産交換（４年生）

　４年生の特色ある地域のくらしの導入で，東京駅からお土産を買ってきて，班のメンバーと交換する体験を行った。

　お土産物には，その土地の風土や歴史が込められているものが多い。私の故郷，千葉県鴨川市のお土産の一つに鯛せんべいがある。鯛せんべいは，鯛を形どった焼き菓子で，大正時代に市内の小湊地区で生まれた。小湊地区には，日蓮聖人が生まれた場所に誕生寺という寺院があり，そのお土産物として開発された。日蓮上人が海に向かって祈り，南無妙法蓮華経と題目を書くと，波の上にその文字が現れ，同時に多数の鯛が寄り集まって，そのお題目を食べ尽くしてしまったという言い伝えがある。それ以来，小湊地区では，鯛を日蓮聖人の生き姿と考えて信仰し，食べたり殺したりすることはなく，数百年間守り続けてきた。そのような歴史と文化を鯛せんべいにこめている。

　鯛せんべいに限らず，その地域のお土産もこのような歴史や文化を含んでいたり，その土地の果物や野菜などの産物を生かしていることが多い。このように，お土産を学び，旅先でお土産を選んだり，お土産を買って行ったりするには，その土地の歴史的なものの見方や地理的なものの見方などを発揮することにつながる。

　このような点から，東京駅のお土産購入体験をして，東京の特色を考える学習の導入とした。

これが私が買ってきた東京駅のお土産です！

誰がどんなお土産を買ってきたか
メモしよう。

いろいろなお土産があるな。
共通点はないのかな？

○東京土産といってもたくさん種類があった。そして、どこにでも売っているようなものではなく、商品ごとに工夫がされていた。例えば東京駅の形をしているとか。
○東京土産はすべておいしかった。でも、一番気に入ったのは○君からもらったポテトチップスだった。今度から祖父母のお土産にしようと思った。東京駅にはいろいろなお土産があるんだな。前にひいおばあちゃんの住む愛媛に行ったときはミカンばかりだった。東京駅は、味よりも有名な場所の形などをしているものが多いな。
○「東京でしか買えないよ」ということをアピールしました。けれども、どこで作られているか見ると、愛知や兵庫などの他の県ばかりでした。なので、最終的に東京名物ってあるのかな？と思ってしまいました。

　楽しい体験から，下線部のような気づきが得られた。この気づきをもとに主体的な追究が生まれていくのだと考える。

授業改善の取り組み

授業を構成する3要素と
自分の立場と児童の立場からの省察

① 授業改善の取り組み

　筆者ら授業者は，多様な毎日の中でも心のどこかに授業を上手くなりたいと考える気持ちを抱いて日々の授業に取り組んでいるのではないだろうか。しかし，実際には授業を分析したりする時間はなかなか取ることが難しいし，その方法もよくわからない。また，1年に1度程度の授業研究会で，自分の授業を参観してもらい，意見を言ってもらえることはとてもありがたい機会なのだが，意見を言ってくださった人との認識の差や技量，目指す授業スタイルの違いなどから，必ずしも自分にとって有効な授業改善に寄与するかどうかはわからない。そこで，**自分の授業を改善していくには，やはり自分自身で自分の授業を改善できる方法を考えるべきではないかと思う**。このような視点に立って，自分自身で授業を改善していく方法を考えていきたい。

② 授業を構成する3要素

　教室で授業をしている光景を思い出してほしい。そこにあるものはなんだろうか。まず，**授業者**である自分自身がいて，何よりも大切な学習主体である**児童**がいる。そして，授業者が提示する**教材**（有形無形含めて）がある。ひとまず，この3つがあれば授業は成立することになる。だから，自分の授業を振り返る時に，最初に考えなくてはならないことは，上手く行ったとしたら，教材が適切だったのか，授業者である自分自身の発問がうまく行ったのか，それとも，発問が不十分だったとしても児童が意図を汲み取って繋げてくれたのかなど，その原因がどこにあるのか考えるようにしたい。もちろ

ん，授業者と児童と教材が個別のものであるわけではない。児童の実態に合わせて，発問や教材を考えているわけなのだから，この３つは密接に関係している。しかし，教材として提示した写真に込められた問題となる社会事象があっても，それを適切に読み取るための視点を示さなければ，児童は読み取ることはできない。このようなことから，上手く行ったり，そうでなかったりした原因の根幹はどこにあるのかを明確にするために，**授業を構成する３つの要素**を念頭に置いておきたい。

　次に，この３要素に紐づけられる形で，「**教材**」は「**教材研究**」，「**児童**」は「**児童理解**」，教師は「**指導技術**」という教師の力量が発揮されることになる。（下図）

授業を構成する３要素

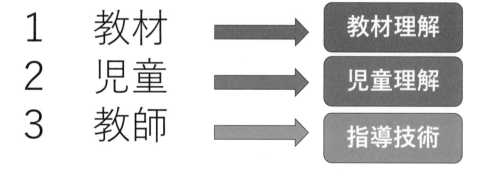

　この３つの視点は，自分の授業を振り返る視点で守るが，授業参観をするときの視点も同様になるので意識してほしい。

③ 教師の視点と児童の視点の双方からの授業省察

　授業を振り返る時に，授業を構成する３要素に視点を当てることを述べた。次の，具体的に授業を振り返る（省察）方法を述べる。

　授業改善の営みは，平成29年に告示された学習指導要領の改訂のポイント

の一つに，主体的・対話的で深い学びの視点による授業改善があるように，今日ではより一層注目されていると言って良い。国立教育研究所では，授業改善は教師の側と学習者の側の双方の視点による往還が大切だと指摘している。「授業者の視点と学習者の視点は，どちらか片方が重要というのでなく，双方を往還することが必要である。すなわち，授業者による授業の改善の視点と学習者における学びの改善の視点が往還することが主体的・対話的で深い学びの実現につながる」（国立教育政策研究所プロジェクト研究「学校における教育課程編成の実証的研究」（平成29年度から令和3年度）

　ここからわかることは，授業者が2つの視点を持って授業を振り返ることである。**1つは，授業内容を児童に伝えることができたのかという授業者の視点である。もう1つは，児童の立場に立って授業を振り返ることである。**このことについて，コルト・ハーヘンのリフレクションの取り組みでも注目されているので簡単に触れたい。

④ リフレクションの取り組み　コルトハーヘン

　リフレクションとは，「省察」「内省」と訳される。リフレクションというとコルトハーヘンの名前があがってくるのだが，この考えをはじめに提唱したのはジョン・デューイだという。何か起きたこと，行った行為に対して，それはどのような意味だったのかを考え，意味づけしていくことを繰り返す。これを意図的，効果的に自分自身に取り入れることができるというのがリフレクションの考え方である。それを受けてコルトハーヘンは，教育者の成長にとって，リフレクションしている教師自身もリフレクションの対象として認識されることがより重要となっていくと述べている。

　具体的な方法としては次の表のように5局面に分かれている。

第1局面　行為
第2局面　行為の振り返り
第3局面　本質的な諸相への気づき

第4局面　行為の選択肢の拡大
第5局面　試行

　ここでの詳しい言及は避けるが，私が注目したいのは，第2局面の「行為の振り返り」と第3段階の「内的方面に向かう局面」である。第2段階では「8つの問い」を活用して振り返ることにより，自らの思考の癖を知り，授業者のリフレクションを促すことができるというものである。第3局面の「本質的な諸相」では，自分と相手の間，もしくは自己の内面と行為との間にある不一致や悪循環に向き合い，そこから見出された「違和感の背景にあった物事の本質」「そこにあった大切なこと」などを捉えるとしている。
　どうして注目したのかというと第2段階にある8つの質問が以下のようになっているからである。

0．どのような文脈だったか	
1．私（授業者）は何をした？	5．相手（児童生徒）は何をした？
2．私は何を考えていた？	6．相手は何を考えていた？
3．私はどう感じていた？	7．相手はどう感じていた？
4．私は何を望んでいた？	8．相手は何を望んでいた？

　1から4については，「授業者」の立場で振り返る。5から8では「学習者」の立場で振り返るのである。授業を振り返る時，どうしても教師は「授業者」の立場で考えがちである。ここでは「学習者」，児童の立場を加えてその両方から考えてみることで授業者と学習者とのずれを明確にすることができるよう設計されている。
　うまくいかなかったり，違和感を覚えたりした場面において，これらの問いを活用することにより，その時の自分の感情や望みがどのようなものだっ

たのか，相手はどのようなことを感じ，どのようなことを望んでいたのかということを重ね合わせることができる。

　私自身は，自分の授業について，自分の立場と児童の発言から授業改善を行なってきた。偶然にも，国立教育政策研究所とコルトハーヘンのように，授業者である私の感じ方とともに，その時の学習者，すなわち児童の発言から，どのような改善ができるのか考えているのである。そこで，授業改善の具体を示すことにする。

⑤ 具体的な取り組み　授業と生活を結ぶ手立て

（1）23区に海水浴場を取り戻せでの省察

　3年生の教材で「23区に海水浴場を取り戻せ！」と題して，まちの移り変わりを学習した。私は，児童に多角的なものの見方を育成することを重視しているので，東京湾の埋め立てを，埋め立てに反対した漁師の立場と埋め立てを進めた港湾局の立場から考える展開を行った。この単元の流れは以下のようになっている。

指導計画　（8時間）
　　第1次　50年ぶりに復活した東京湾の海水浴場とはどんなもの
　　　　　　立場1　漁業で生計を立てる漁師の立場
　　第2次　どうして埋め立てしたのか。過去の東京湾と現在の東京湾。
　　　　　　立場2　埋め立てを進めた港湾局の立場
　　第3次　一体どうしたらよかったのか
　　　　　　五十年前の港湾局の決断は？
　　　　　　立場1と立場2の検討
　　第4次　様々な立場の人々の願いと東京湾の未来
　　　　　　立場3　現在東京でくらす自分の意見

　この授業では，東京湾の埋め立てを漁師と港湾局の2つの立場から理解を

深めるとともに，第3次で埋め立ててほしくなかった漁師さんと埋め立てを行わなければならなかった港湾局長は，それぞれ異なる対立する価値があることに気づいてほしいという狙いを持っていた。そして，子どもたち自身もどちらをはっきりとは支持できないという悩ましさを感じるとともに，社会の一員である以上，現段階での何らかの結論を導き出し，将来にわたってより良い社会の形成にとって大切な価値の対立について考え続けてほしいというものだった。私としては，十分に準備をしているはずだったのだが，児童の発言を追ってくと，授業について，再度考察を要すると感じることになった。

授業の様子
児童1「関口さんも，本当は埋め立てたくなかったのだと思うけど，どうしようもないから埋め立てられたんだと思います」
児童2「奥村さんも，海を綺麗したかったのかもしれないけど，もう汚れてしまっていたから，埋め立てるしか方法がなかったんだと思います」
児童3「奥村さんは漁師さんに補償金を出しているから，漁師さんのことは考えていたと思う」
児童4「だから，奥村さんが悪いんじゃなくて，<u>結局は，黒い水を流した工場がいけないんだと思う</u>」

　私が引っ掛かっているのは，子どもたちは環境の悪化と埋め立ての責任を「工場」に押し付けてしまった点である。この時の児童の気持ちは生活の基盤を失ってしまう漁師へ共感する。かといって，埋め立てをする港湾局長も1000万人（漁師はわずか4000人）という多くの人のことと経済成長を考えていたので悪くない。どちらのせいにもできないと感じていたのだろうから，原因を工場に持っていくことは理解できる。しかし，工場は「黒い水事件」と言われる公害を起こした責任はあったものの，河川汚染の原因は工場排水

より生活排水の方が大きいのである。私たち市民が経済を優先させた生活の結果と言える。今回の授業の中で，子どもたちは「自分」と言う立場を教材の世界の中のどこに位置するか意識できなかったに違いない。自分も当事者であるという認識が不足していたのであろう。原因は私の展開に問題があったと捉えている。

　そこで，わたしは，授業の展開の中で，教材世界の中で児童の当事者性を持たせる必要があると考え，教材世界の中で，「市民＝自分」と結びつける決意をして新しい単元に臨んだ。

（2）水道の学習での改善点と結果

　4年生の水道の学習でも，多角的なものの考え方を大切にするために，水道局の取り組みと市民ボランティアの取り組みの2つから水道の安定供給を考えた。そして，第4次において教材世界の中で，児童の立ち位置を明確にする資料を用意することにした。指導計画は以下のようになる。

第1次　美味しい東京水はどうやってできるの
　　　立場1　高度条数処理施設を開発した東京都水道局の立場
第2次　どうして多摩川には高度増水処理施設がないの
　　　立場2　多摩川水道水原深林隊の立場
第3次　どうしてボランティアをつづけているの
　　　立場1と2の検討
第4次　荒川と多摩川の水どっちを飲みたいか
　　　立場3　市民のひとりとしての自分

　第4次ではあえて，原水は汚れているが浄水処理施設によって完全にきれいにされた荒川の水道水とボランティアの力によって原水そのものがきれいな多摩川の水道水のどちらを飲みたいか意見を述べあう活動を行なった。結果は，原水そのものがきれいな多摩川の水を飲みたいと判断した子どもが多

かった。その理由で一番多かったのは，「荒川の水はきれいになっているとは思うけど，原水の汚れを見てしまうと，元々は汚れていたんだよなと飲みたくなくなってしまう」という意見である。この意見には，ほぼ全員が納得していた。そこで，私は子どもたちに原水の汚れの原因グラフで示したものを渡した。荒川の汚れの原因は，産業排水の21.2パーセントを大きく上回る実に67.6パーセントが私たちの生活排水によるという資料である。今回の教材世界において，児童の立ち位置を示す資料である。この事実を知った瞬間の子どもたちの反応は「自分たちが汚していたのか」「安藤さんたちがきれいにしたのに」「私たちが汚した水をきれいにするために尾根田さんたちが苦労して高度浄水処理を開発したのか」と呟いた。他人事にせずに教材と自分を惹きつけて考えている発言が見られた。授業の最後は１人ワンアクションのような自分にできる取り組みを考えオンライン上で紹介し合った。

　授業改善を，教師の立場と児童の立場から考えること，そして，授業で大切にしたい本質（今回でいえば，教材世界と自分の生活を結びつけること）を見極めながら取り組んでみた結果，児童は，教材世界の中に自分の立場を明らかにして，当事者としての自覚を持ち自分の意見を考えることができたのではないか。

天然水にも負けない「東京水」の２つの原水と浄化方法の違い

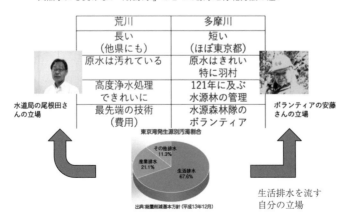

荒川	多摩川
長い（他県にも）	短い（ほぼ東京都）
原水は汚れている	原水はきれい　特に羽村
高度浄水処理できれいに	121年に及ぶ水源林の管理
最先端の技術（費用）	水源森林隊のボランティア

水道局の尾根田さんの立場

ボランティアの安藤さんの立場

東京湾発生源別汚濁割合

その他排水 11.3%
産業排水 21.1%
生活排水 67.6%

出典:総量削減基本方針（平成13年12月）

生活排水を流す自分の立場

ⅰ 関浩和「小学校社会科授業における「ネタ」教材の形態とその方法論的性格─有田和正氏の実践事例を考察対象として」『教育方法学研究』日本教育方法学会紀要　第15巻，1989

ⅱ 藤井千春『教育研究』初等教育医研究会2023年２月号特集

iii 山根栄次「社会集団拡大法の論理─「同心円的拡大論」の再構成─」『社会科教育研究』日本
　　社会教育学会　第48号，1982
iv 北俊夫『だれでもできる社会科学習問題づくりのマネジメント』文溪堂，2016，p18
v 日本社会科教育学会編『新版社会科教育事典』ぎょうせい，2012，p220（藤井千春）
vi 粕谷昌良『アナザーストーリーの社会科授業　異なる立場から多角的に考える力を育てる』
　　学事出版，2019
では，ストーリーについて以下のように書いた。

　社会科授業においては，これまでも子どもたちの概念を揺さぶる手立ては行われてきたと思います（他の教科の授業でもそうかもしれませんが）。

　私は「食料自給率を高めるべきか否か」と行った子供たちに判断させる場面や「自動車生産で大切な仕事の１場目から５番目まで並べよう」とランキングする学習を行ってきました。

　これらの学習では，教師から知識を得る学習や調べ学習に比べて，子どもたち一人一人が選択や判断を迫られるので，進んで調べる場面がみられ，発表や議論も熱を帯びていきます。授業がうまくいったと嬉しくなります。

　しかし，ある時，この議論で子どもたちは学びを深めることができたのだろうかと疑問を持ちました。

　子どもたちは自分の調べたことを言いたいのでたくさんの意見が出ます。しかし，教室を飛び交うたくさんの意見は，子どもたち一人一人の考えを深めることに役立っているのだろうかと。子どもたちは，自分の言いたいことを言っているだけ。聞いているときも，自分の意見を発表したくてうずうずしている。お互いの意見に耳を傾けているのだろうかと。

　子どもたちは自分の選択や判断に強いこだわりを持っています。選択や判断をするには，根拠となる知識だけでなく，子どもたち一人一人が持っている情意が大きく関わっているのです。

　子どもたちが一度決めた自分の判断や獲得した認識を修正するときは，グラフや断片的な事実だけでなく，時間の経過や人物の生き方，社会の変化，そして普遍的な価値という，まとまった知識体系に触れたからだと考えます。

　この知識の体系を「ストーリー」と呼ぶことにします。子どもたちが，自分の判断や考えを修正し，学びを深めるためには「ストーリー」にまで踏み込んだ教材の提示が一つの手がかりになると考えます。

vii 石井英真『授業づくりの深め方「よい授業」をデザインするための５つのツボ』ミネルヴァ
　　書房，2020

考えたくなる体験２：
くるくるショップでリユース（４年生）

　４年生の廃棄物の学習で，徳島県上勝町の廃棄物処理を学んだ。徳島県の上勝町は，リサイクル率の全国平均が20%程度と言われる中，70%以上のリサイクル率を誇っている。上勝町は「ゼロ・ウェイスト」という理念に基づき，単に廃棄物を減らすことだけに注視するのではなく，無駄のない生活をするよう，まち全体で取り組んでいる。そのために幾つかの取り組みをしている。

　例えば，上勝町にはゴミの収集場所がない。ゴミは全て，町民が町内に１箇所だけあるゼロ・ウェイストセンターに持っていく。ゼロ・ウェイストセンターでは，廃棄物を45種類に分別するようにコンテナ等が設置されていて，町民自らが45分別を行うことになる。また，そこでは，廃棄物が再生されるとどのような製品に生まれ変わるのか，また処理にどれくらいの費用がかかるかも明示されているので，町民は自分が廃棄した物質がこの後，どのようになっていくのかを熟知している。すると，ペットボトルと缶ならば，缶の製品を選ぼうとか，包装紙はなるべく使わないようにしようなどと，自分の生活を無駄のないように変化させることができるわけである。

　そのような，ゼロ・ウエイストの取り組みの一つに「くるくるショップ」がある。くるくるショップは，ゼロ・ウエイストセンターに設置されている。そこには，町民ならば，誰でも自由に使用できる範囲の不用品を置いて帰ってくることができる。そして，くるくるショップを訪れた町民を含むだれもが自由にくるくるショップ内の品物を持って帰ってくることができるという仕組みである。この取り組みで，不用品として処分される運命であった品物が，他の人の役に立つものとして再利用されるというわけである。上勝町ではこの仕組みで毎年10トン程度の不用品が再利用されているという。そのくるくるショップを教室でも行った。

各家庭の保護者に，学級通信で上記のような指導の意図を伝えて，協力を得て，家庭に眠っていて今後使わないであろう不用品を児童と一緒に見つけて学校に持ってきてもらった。そして，集まった品物の重量を測って合計するとその日の不用品はおよそ16kgほどになった。それを，自分の机の上に並べて，必要な児童が持って帰るという取り組みをした。

持ってきた品物の重さを測ろう！

合計すると16kgになったよ。

品物を並べて交換しよう！

私の持ってきた品物は○○さんがもらって行ったよ。

自分がいらない物でも、他人から見ると必要なものだったり、ほしいものだったりすることが分かった。これもリユースだと実感した。人によって必要なものは違ってくる。だから上手にものをくるくる回すことで、社会全体のごみを減らすことができるのではないか。そのために、地域の中で不用品を回す仕組みづくりが大切だと思いました。

上勝町はその仕組みづくりに成功したんだと思います。また、リデュースについての発見もありました。ごみそのものを減らすためには、不要なものをもらわないことが大切です。レジ袋などです。**でも、ほしいものと必要なものの区別が難しいことが分かりました。頭でわかっていても、つい気持ちが負けてしまいました。**物を手に入れるときは本当に必要なものか判断する力を身に付けなければならないと思いました。

　その日，児童は楽しい体験をして家に帰宅した。

「母さん。これもらってきたよ」

と話しかけると母親に，

「あなた。不用品を学校に持って行って，また不要なものを持って帰ってきたわね。これじゃあゴミは減らないわね」

と言われてハッとしたという。そのことを踏まえて，上記の気づきをノートに書いてきたのである。

　だれもが，「ゴミを減らしましょう」「不要なものは買わないように」と頭ではわかっている。しかし，頭で分かっていても，実際の行動には結びつかないことが多々ある。それは，人には情意があり，それが人の判断に大きな影響を及ぼしているからである。

　児童だけでなく，大人も同様である。体験による実感を伴った理解をすることで，ゴミを減らすことがいかに難しいかを感じることのできる時間となった。

第2章

実践編

まちのうつりかわり 「23区に海水浴場を取り戻せ！」

―どちらも大切な2つの価値を考える―

① 分野，領域

3年生　歴史と人々の生活：地域
　　　(4)　市の様子の移り変わり

② 考えたくなるポイント

　東京23区の海岸線は，今から60年くらい前に始められた埋め立てによって，自然のままの景観と砂浜は姿を消してしまった。

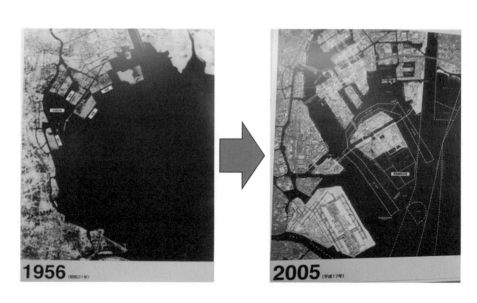

1956 (昭和31年)

2005 (平成17年)

128

近代的な港湾となり日本の貿易を支える東京港に疑問を持つ児童は少ない。しかし，故郷の豊かな東京湾を取り戻そうと活動を続ける漁師の家に生まれた関口雄三さんとふるさと東京を考える実行委員会の方々に出会い，50年ぶりに復活した海水浴場や葛西海浜公園の自然の中で遊ぶ楽しさや自然に触れ合うことで，自然の大切さやふるさとのまちを守る取り組みの重要性を感じていった。児童は，「そんな大切な葛西の海は，どうして埋め立てられてしまったのか？」と問題意識を持って調べていく。すると今から60年前に東京湾の環境が悪化していたことや高度経済成長で港湾施設の整備が必要だったことがわかる。そして，当時の港湾局長だった奥村武正さんが埋め立てを決断したことを知る。

　児童は，もと漁師の家に生まれて故郷の自然を取り戻そうと活動を続ける関口さんの立場と東京港の発展を願って埋め立てをした奥村さんの立場に立って，60年前のあの日の決断とその後の未来について考えていく。

❸ 教材研究

（1）教師の立場からの分析（広げる教材研究）

　およそ60年前に行われた葛西の漁師の漁業権放棄とその後に開始された東京湾の埋め立てとその後の東京湾の変化について，もと漁師の家庭に生まれた関口雄三さんの立場と港湾局長であった奥村武正さんの立場から考え，より良い未来のあり方について考えていく。

　関口さんの立場に立つことで，自然保護や自分のふるさとのより良いあり方を考え行動していく自治力の重要性と，一人ひとりの生活や生きがいといった個人の権利（人権）の大切さを学ぶことができる。奥村さんの立場に立つことで，東京や日本全体の経済成長をはじめとする多数の利益といった価値を学ぶことができる。

２つのストーリーに込められた価値

関口さん（元漁師）	⟷	奥村さん（港湾局長）
環境	⟷	経済・発展
個人（少数）の権利	⟷	多数の利益

（２）児童の立場からの分析（しぼる教材研究）

　元漁師の関口さんの活動を知り，葛西の海での自然体験をすることで，児童は「自然と触れ合うことは楽しい」「自然を守らなければ」と情意を動かされるとともに，自然愛護という規範意識を持つことになる。そのため，埋め立てを決断した東京港湾局長の奥村さんの判断について，はじめは，児童は驚きや怒りを持つことになるだろう。しかし，当時の東京湾の環境悪化や経済成長の必要性，漁師たちへの補償がなされていたことを知ることで，多数の利益を守ることの価値を学ぶだろう。児童は，異なる価値観の対立を通して，情意を動かし，学習を深めていく。

指導計画（全8時間）

時間	主な活動	指導上の留意点
第1次 「起」 50年ぶりに海水浴場復活ってなんだろう？	およそ50年ぶりに23区に海水浴場が開かれた新聞記事から，海水浴場の再開に至る経緯を調べる課題を持つ。 １．東京の海水浴場の写真と他の海水浴場の写真を見比べ課題を作る。 ２．新聞記事から「ふるさと東京を考える実行委員会」の活動を知り学習問題を作る。 ３．葛西臨海公園西なぎさを見学する計画を立てる。	○海水浴場復活の背景を隠しておいて，子供とやり取りしながら，だんだん気づかせていく。
第2次 「承」 故郷の海を取り戻そうとした関口さんって？	「ふるさと東京を考える実行委員会」の活動を調べる。 １．「ふるさと東京を考える実行委員会」について調べてきたことを報告する。 ２．関口さんについて知る。 ３．葛西臨海公園西なぎさを見学する計画を立てる。	○関口さんのインタビュー記事その①を範読し，気になるところに線を引かせる。
	ふるさと東京を考える実行委員会の活動内容と葛西の海の実態を知る。 ※当初は，葛西海浜公園で関口さんとふるさと東京を考える実行委員会	「埋め立てに納得できるか？」

	の方と体験活動を行う予定だったが，コロナの再拡大のため授業者が撮影してきた写真によって具体的な活動を紹介した。	
第3次 「転」 どうして，東京湾の自然は失われたのか？	東京湾の埋め立ての歴史と東京都のくらしの変化を調べる。 1．どうして埋め立てをしたのか予想する。 2．どうして埋め立てが急激に進んだのか調べる。 3．埋め立ては良かったのかどうか次時につなげる。	○60年前の航空写真と比較して，埋立造成されたことに気づかせ，どうして埋立をしたのか課題を持たせる。 「埋め立てに納得できるか？」
	葛西地区の環境悪化の様子を知り，葛西の人々がどのように行動したのか考える。 1．児童のノート記述と写真から前時を振り返る。 2．自分の立場を明らかにする。 　「埋め立てに賛成か反対か？」 意見の対立 ・経済成長と環境 ・多くの人のためと葛西などにすむ漁師 3．昭和35年ごろの葛西を詳しく調べる計画を立てる。	○自分が賛成か反対か，名前マグネットを黒板に貼らせる。 理由をノートに書かせて発表させる。
	埋め立て前夜，昭和35年ごろの葛西の様子を調べよう。	○昨日の対立点を示し，自分の中でどう変化

	1．「埋立に賛成か反対か？」について話し合った前時を振り返る。 2．黒い水事件を知る。 3．埋め立てについての意見をまとめる。 意見の対立 ・経済成長と環境 ・多くの人のためと葛西などに住む漁師	したのか考えさせる。 ○今回の事例では，漁師という個人の権利の大切さが強くつながるだろう。 「埋め立てに納得できるか？」
第4次 「結」 東京湾の未来を考える	漁業権の放棄に関わる港湾局と漁師の活動を通して，海岸を取り戻す活動の意味を考える。 1．黒い水事件についての感じ方をもとに前時を振り返る。 2．葛西の漁師が港湾局長の奥村さんにお願いした場面を検討する。 3．2人の立場と大切にしている価値を検討する。多数決の良さと限界について気づかせる。全体の幸せと個人の権利について必ずしも一致しないことに気づかせる。	○児童は漁師の立場で考えているので，港湾局の対応への不満を十分に出させる。子どもたちの視点を奥村さん側に移動させ，奥村さんの立場で考えさせる。 「埋め立てに納得できるか？」
	現在は手を取り合っている，関口さんと港湾局の様子を調べる。 1．関口さんと奥村さんの立場や価値について振り返る。 2．現在の関口さんと港湾局の関係	○現在は，東京湾の環境保全で意見を一致している両者について知る。

	を調べる。	

　第1次と第2次で関口氏のストーリーを学び，関口氏の取り組みへの理解と深めた児童は，第3次においてそれとは異なる奥村氏の決断に触れることで，これまでの認識を揺さぶられるだろう。そして，それぞれの価値について考察，判断し，どうしたら良いのか（良かったのか）と自分の認識の再構成を迫られる。

⑤ 考えたくなる授業場面

　第4次1時間目である。この場面は，黒い水事件[i]の後，漁師が港湾局長であった奥村さんに陳情にいく場面である。児童は，奥村さんは黒い水事件で大きな被害を受けた漁師たちの味方をして，工場に排水を止めるように伝えるとともに，工場の操業停止など，なんらかのペナルティーを課すものと予想していた。3年生らしい，正義感や規範意識と言える。

　しかし，実際は児童の予想とは異なる。奥村さんが当時を振り返った書いた文書を児童にわかりやすく加工して，以下のように示した[ii]。

海苔不良と漁業権放棄の問題
「東京都港湾局の考え」

東京湾史ｐ１５８「東京湾発展の軌跡」（一部簡単にしたもの）

元東京都港湾局長　奥村武正

　昭和３４年以降だんだん東京の臨海工業地域の造成が盛んになってまいりましたが、東京都の人口も増え、あるいは生産工場も景気がよくなってくると、今度は水質問題が出てきました。生活用水等によって隅田川や各河川の水質が汚染されるようになりました。その影響がどこに及んだかと申しますと、先ほど申しましたように冬場になりますと東京港の航路の両側は畳を敷いたように海苔ヒビでいっぱいでしたが、水質汚染によってノリの収穫が非常に減少してきたのです。養殖水産業者に言わせると、海苔が赤字になったのです。海苔は千葉に行って海苔ヒビの種付けをして、それを東京の水面でさらに芽を出させるわけですが、それが水の汚染により赤字になったのです。東京の水産業界は多少、貝とか魚はありましたが、なんといってもノリが主体だった時代です。ですから漁師たちが東京都を訪れて、「水の汚染を何とかしてくれ」と申し出があったのが大体３４年ごろのことです。

　そこで私どもが考えたのは、「それではあなた方は漁業をやめなさい、あなた方の持っている漁業権を売りませんか。我々はそこを埋め立てにして土地にして、土地経営によってペイするし、あなた方の漁業補償というかたちで、お金を渡しましょう」と言い出したのが大体３４・５年ごろなのです。そして結果的に、３７年までかかりましたが、当時の金で３６０億円という漁業補償をして、東京都が漁業権を全部保証して現在の埋め立て造成をやれる基盤を作ったわけです。３８年には東京都のノリ養殖も終止符を打ちました。

この資料を配る時に一工夫をする。裏にして配り，児童全員に行き渡ってから「せーの」と表を開けて読むのである。児童は奥村さんの決断を早く知りたいと願っているので，その意欲を活かして資料を楽しみにするように演出するのである。

　資料を読み始めてしばらく経つと「ひどい！」「正義の味方じゃないのかよ」と児童が声をあげていく。奥村さんが「埋め立てを進めた」ことに対して児童は反発をする。しかし，「ひどくないよ！」という声も聞こえてくる。そこで，児童と漁業権が海から魚を取る権利であることや補償が与えた損害を，お金などで埋め合わせをすることなどを確かめる。

　児童は，「ひどくはないんじゃない？漁師をできなくなってしまうけど，お金を出して補償しているよ」という意見が出る。さらに，「でも，関口さんのお父さんたちは漁師をしたいんだから，漁師ができなくなったら幸せではないんじゃないか」と，奥村さんの決断に対して賛否両論が出てくる。そして「奥村さんも，本当は埋め立てたくはなかったのかもしれないけれど，環境が元に戻らないくらい悪化してしまったから，仕方なく埋め立ててしまったんじゃないか？」という意見もでてくる。

　児童は，関口さんと奥村さんの双方の立場に立ってかんがえるとともに，それぞれの価値観の違いを理解していった。以下に，この場面での児童のノート記述を示す。

児童A	・僕は少し納得できます。理由は奥村さんは，どうしようもない状態にいて，最前に手を打ったからです。しかも，「漁業をやめませんか？」と提案を申し出たのも，悪気があったわけではなく，どうしようもなかったからです。奥村さんは，本当は埋め立てたくなかったから「漁業をやめませんか？」と聞きました。ただ，都の港湾局は，積極的に埋め立てると言う動きが進んでいました。僕はこのことについて，ちゃんとした理由があるし，仕方がないと思います。でも，漁業の水揚げが，難しくなって，人々の生活が脅かされるこ

	とになると，つらいと思いました。
B	・私は埋め立てに反対でも，賛成でもありません。理由は，奥村さんの大体の考えが，どうしようもないと言う考えで，**賛成している人と反対している人がいる**からです。もう一つはしょうがなくやっている可能性があると言うことです。平和が一番です。 私は，最初は反対していましたが，だんだん変わってきました。なので，工場の考えも変わっていけばよかったのにな。
C	・私は，関口さんの方が正しいと思います。奥村さんは，しょうがないと思ったかもしれないけれど，関口さんにとっては大切な海です。しかも「子どもや孫に泳がせたい」と言っているので，話し合いで出た，**「自分勝手」ではないと思います。**関口さんを自分勝手と言った方が，自分勝手だと思う。
D	・埋め立てをするのは，**仕方がない**と思います。例えば，工場がずっとやって，世界の海まで行って，ぜんぶきたなくなったとすると，魚が一匹もいなくなるから，埋め立てはよくないことになります。**でも，ひどいと言う気持ちもあります。**漁師さんが工場の鉄壁を破ってまでたたかったのに，「漁師をやめませんか」と言われたら悲しいと思うから。
E	・僕には，２人とも選べません。理由は，**日本のことと葛西のことと，はんいはちがうけれど，ふたりとも，人のことを考えている**からです。人のことを考えるのはいいことで，２人ともやさしい人だと思います。奥村さんは，日本や世界の海のことを大切にしています。どういうことかというと，奥村さんは，**日本全体を見ていた**ので，千葉の海などこれ以上汚れた水が行かないように埋め立てたのだと思います。 　一方，関口さんは葛西の地元の海を守ろうとしています。これは，**地元愛や葛西の人々の代表として，最前線で考えている**ことになり

	ます。関口さんやそのお父さんたちは，工場にとつげきするほど漁師をしたかったんだと思います。 　だから，2人とも正しいことをしたのだと思います。**2人は，どちらも正しいです。**
F	・私は**どちらも正しいと思います。**だって，関口さんは自分のことしか考えていなかったとしても，**葛西の海を大切にしていることは**いいことだと思います。自然に関わる人をしている人は喜ぶし，**自然を大切にすることは**いいことです。 　奥村さんは，きっと海を大切にしていると思います。世界の海を大切にしているとしたら，**世界のことを考えていて素晴らしいと思う。** 　だとしたら，関口さんといっしょで，これ以上海を汚れないように海を埋め立てたのかもしれません， 　それに，**自分の中で，何を大切にしても悪いことではないと思います。**

（下線と強調は引用者による）

　上記のノート記述から，児童は，漁師の関口さんの立場と埋め立てを行った港湾局の奥村さんの立場の双方から，東京都の埋め立てという社会事象を検討していることがわかる。また，下の写真は，ある児童のノートに力強く，「私はうめ立てに　少し　絶対反対」と書かれている。「少し」と「絶対」が並列して書かれているため，文章としてはおかしいが，その誤った文法から，逆に児童が真剣に考えている様子や判断が難しく悩んでいること，あるいは，埋め立てに反対なのだが，埋め立てする理由もわかるということが伝わってくる。

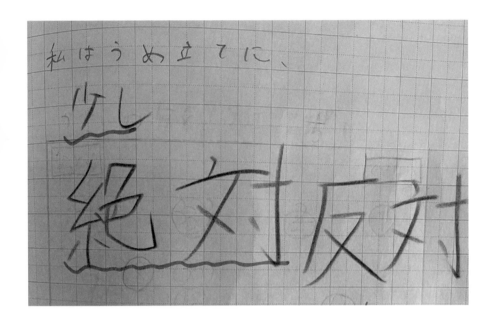

　この授業では，東京湾の埋め立てを漁師と港湾局の2つの立場から理解を深めるとともに，第3次において埋め立ててほしくなかった漁師さんと埋め立てを行わなければならなかった港湾局長は，それぞれ異なる対立する価値があることに気づいてほしいというねらいを持っていた。そして，子どもたち自身もどちらをはっきりとは支持できないという悩ましさを感じるとともに，社会の一員である以上，現段階での何らかの結論を導き出し，将来にわたってより良い社会の形成にとって大切な価値の対立について考え続けてほしいというものだった。そういう意味で，児童の記述を見ると多角的なものの見方ができており，学習意欲の高まりも見られるなど，十分に授業者すなわち筆者のねらいを達成していると思われる。

　最後に，現在東京都港湾局と関口さんら「ふるさと東京を考える実行委員会」は東京湾の環境改善を図るために連携している[iii][iv]。過去の経緯を乗り越え現在にたどり着いている点も児童の学びにとって良い教材であろう。

東京都の特色ある地域のくらし
「東京みやげは何にする？」
—社会的な見方・考え方を育て，発揮する—

1 分野，領域

4年生　地理的環境と人々の生活：地域
　　　(5)　県内の特色ある地域の様子

2 考えたくなるポイント

　4年生の「特色ある地域とくらし」について，子どもたちに地域の特色を捉える社会的なものの見方・考え方の育成を図ることを最大のねらいとしている。具体的には，お土産物として何がふさわしいかを検討する場面において，その判断のよりどころとして，お土産の背景にある地域の特色を考えていくため，自然に地域の歴史や地理，そこに暮らす人々の願いを学ぶことになり，社会的なものの「見方・考え方」を育てていくと考える。

　お土産物は，訪問する際に感謝や礼儀のあかしとして品物を贈る場合や旅先から帰ってくる際に，近所の知人や縁者にその土地にちなんで品物を贈るものである。このような相手に渡すことを目的とするお土産は日本特有の文化である。例えば，お土産の英訳は「スーベニア」になる。しかし外国の「スーベニア」は日本のお土産とは意味合いが異なり，知人に配るのが目的ではなく，本人の旅の記念として購入することがほとんどだという。欧米の観光地にはキーホルダーや置物，マグネットのワゴンなどがあり商売として成り立っているそうだがそのほとんどが自分のためのお土産で非食品が多いという。一方，日本の場合は食品を購入して配ることが圧倒的に多い。自分で食べることよりも，知人に配り歩くことが主目的になる。そのため，お土

産お菓子にはその土地の歴史や文化，風土を含有したものが多い。その理由は，近所や職場などでお土産を配る際の会話で，お土産をきっかけに自分が旅した地域の風土の話題に触れることができるなど，会話を豊かにする効果があるからだという。「土産話」という言葉があることからも，日本のお土産がコミュニケーションの方法と密接に関係している。このように，日本のお土産菓子は，コミュニケーションの手段としての機能があり，その機能上，土地の歴史や特徴を多分に含んでいるものが多いのである。

　児童は，お土産購入体験を通して，お土産に興味を持つだろう。さらに，お土産の機能を考え，もらう側とあげる側の双方が幸せになるかを考えることは，その土地の歴史や産業，風土などを見つめることにつながる。お土産を見るとその土地の特徴を想像することができる。

③ 教材研究

（1）教師の立場からの分析（広げる教材研究）

　児童が調べてわかったことを元にして，何かを判断するという思考力や判断力を育成する社会科授業は広く行われてきた。例えば，「どちらが良いか？」「ランキングづけをしよう」といった方法が挙げられる。社会科が将来の民主主義社会の主権者としての児童を育成する教科であるため，主権者としての多角的な思考力や判断力を育てる取り組みの一環である。しかし，児童が「どちらが良いか？」「ランキングづけをしよう」といった時の判断の拠り所の根拠はどのようなものであろうか。それが，個人的な好き嫌いといった個人的な判断理由であるならば，社会的な判断とは言えない。そのため，児童の判断の理由を，個々の価値観に基づく価値判断から，社会的，民主的な価値判断に引き上げる必要がある。例えば長田は以下のような熟議型論争問題学習[v]を提案している。

　熟議は，個人の選好を固定化せず，各々が当初の選好を互いの観点に照らして変容させていく過程を通して，共通善を構築しようという考えである。方向性を吟味する過程で，争点や共有可能な点を明確化する過程は，個人的

な価値判断から，社会的な価値判断へと至る具体的な手立てとして有効であると考えられる。ただし，小学生にこのような授業を行うためには，共通善を探るための，社会問題を分析するための検討項目数の多さと社会問題を取り巻く背景の複雑さという実践的な課題である。

そこで，問題を小学生にも実感を伴って考えやすい，お土産のやり取りを教材化する。お土産物を選ぶ視点として「4部4年のお土産の条件」を考え，変更を加えていくことである。「4部4年の作るお土産の条件」をクラスの全員で構築していく学習によって，お土産に含まれる要素を明確化するとともに，お土産を選ぶ上で，判断の共通基盤を作り上げることができる。この過程は，地理的歴史的といった社会的なものの見方・考え方を必然的に発揮し，地域への理解を深めることになる。すなわち社会的なものの見方・考え方を育てていくことになる。

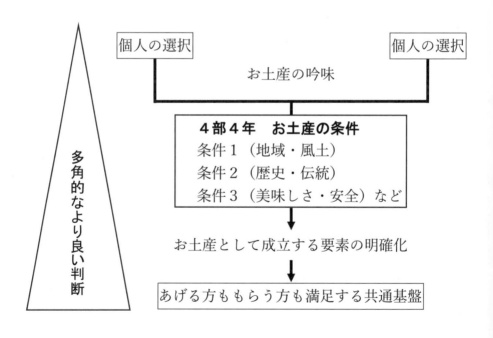

（2）児童の立場からの分析（しぼる教材研究）

　児童は，「東京から田舎へ行く際のお土産として何がふさわしいか」を考えていく。東京駅のお土産物購入体験から始まり，お土産物に関心を持って，もらう方もあげる方も幸せになるお土産物を考えていく。児童に購入体験や話し合いをさせた後で東京の伝統的なお土産物である人形焼を取り上げる。人形焼は日本橋人形町で演劇鑑賞の際など食されたのが始まりだという。人形町一古いとされる「板倉屋」の藤井さんは「うちの方針はぶれません。このままを守り続けることです」と話している。このように人形焼は，土地の文化や歴史を映すなどお土産としての成り立ちは明確である。

　一方で近年の東京土産を見渡すと味に重きを置いて地域の特色や由来が反映されていない商品も多い。最新の技術を使って工夫された味わいと「東京」という文字を商品につけることで，お土産としての価値や人気を高めている。実際に児童が，東京駅から購入してきたお土産の多くはこうした新しいお土産である。新しいタイプのお土産として「東京ばな奈」を取り上げる。「東京ばな奈」は現在東京駅をはじめスカイツリーや成田空港でも販売され，トップの売り上げを維持している。グレープストーン部長武田さんの話では，徹底した味への追究と300万個に１個のミスもない生産体制。人の手よりも優しく扱えるロボット，生菓子なのに10日間の消費期限を維持する徹底した管理など，最新の技術を惜しみなく投じ，現在も進化を重ねているという。そこには，伝統を守り取り組みに負けない開発への情意がある。しかし，どうして東京なのに「バナナ」なのだろうか？それは，日本産の果物だと東京以外の地域を想像してしまうからだという。リンゴなら青森，ミカンなら愛媛という具合に，農業の盛んでない東京銘菓を作るとき，その食材をあえて外国産に求めたのだ。様々な出身地の人が住む東京，文化の発信地東京。それを考えたときに，最新の技術を用い，味に特化したお土産もまた現在の東京土産としてふさわしいと考える。児童は，人形焼と東京ばな奈から，東京が持つ文化や特色を考えることができるだろう。

　最後に，同じ東京でも小笠原や桧原村ではどのようなお土産があるのかを

予想したり，どのようなお土産がふさわしいかを考えたりして，地域の特徴を調べる手立てとする。お土産をきっかけに，地域の特徴を考察する，見方・考え方を身に付けることをねらいとしている。

④ 展　開

指導計画（全8時間）

時間	主な活動	指導上の留意点
第1次「起」東京土産としてふさわしいのは何か？	東京駅でのお土産購入体験を通して，お土産に関心を持ち，東京土産としてふさわしいお土産を調べる課題を持つ。 1．東京駅で購入したお土産を班のメンバーと交換しよう。 2．どうしてそのお土産を選んだ理由をノートに書く。	○購入体験と試食について事前の保護者に伝え，アレルギー等の確認をしておく。
	お土産とは何か？クラスの「お土産の条件」を考える。 1．先生が広島土産として買ってきたアルフォートはお土産物と言えるのか？議論をする。 2．お土産物を辞書で引いたり，もらった時の気持ちなどを話し合い，クラスの「お土産の条件」を作る。	○教師が広島土産としてアルフォートを買ってくることでお土産の意味を考えるきっかけを演出する。
第2次「承」人形焼は東	クラスのお土産の基準で一番ふさわしいと決まった人形焼は本当にふさわしいのか調べよう。	○完成したお土産の条件に照らし合わせると東京土産にふさわ

京土産にふ さわしい? 「人形焼の ストーリ ー」	1. 自分が買ってきた東京駅のお土産を「お土産の条件」に照らし合わせる。 2. 「お土産の条件」に照らし合わせた時ふさわしい東京土産は人形焼だ。	しいものは「人形焼」となった。実際に見学するための調整を行う。
	東京で一番歴史のある人形焼板倉屋さんを見学しよう 1. 東京で一番歴史のある人形焼板倉屋さんを見学しよう。 2. 人形焼板倉屋さんの見学を振り返り，「お土産の条件」を修正しよう。	○「人形焼」板倉屋さんの見学を振り返り「お土産の条件」を見直す。
第3次 「転」 一番売れて いるのが 「東京ばな 奈」なのは どうして? 「東京ばな 奈のアナザ ーストーリ ー」	実際に東京で一番売れているお土産「東京ばな奈」は東京土産にふさわしいの? 1. 東京ばな奈の工場の映像や東京ばな奈を作っている会社の武田さんの話を知って，東京ばな奈を検討する。 2. 東京ばな奈は東京土産にふさわしいのか「お土産の条件」に照らし合わせて検討する。	○東京ばな奈を生産しているグレープストーンの取材をし，東京ばな奈に込められた開発の話や生産の話などをまとめ，児童用の資料を作成する。また，工場の動画の提供をうける。
	東京ばな奈が一番売れる理由から，他の県のお土産にを調べる課題を持つ。 1. 東京ばな奈は，「お土産の条件」	○「お土産の条件」に当てはまらないのにどうして売れるのか理由を考える中で東

	にあっていないのにどうして売れているのか検討する。 2. 分担をして，全国お土産調査をし，結果をまとめる。	京の特色を考えるようにしていく。
第4次 「結」 人形焼が表す東京と東京ばな奈が表す東京。	東京土産「人形焼」と「東京ばな奈」が表す東京の特殊性をまとめる。 1. 全国の有名土産に共通しているものは。 2. どうして東京ばな奈は，歴史も産物も含んでいないのに，お土産として成立するのか考える。	○全国の代表的なお土産には，歴史や産物が含まれているが，東京ばな奈にはそれらがないことをきっかけに，首都としての東京の果たす役割や人口や流動性，地理的条件を考えるようにする。
	1. 人形焼が表すものと，東京ばな奈が表すものから，東京の持つ特色を考える。 2. 23区以外のお土産は？	

⑤ 考えたくなる授業場面

　第2次の2時間目の授業である。この時間は，前時で見学してきた人形焼のお土産としての価値を見出して，クラスの「お土産の条件」に当てはまるか検討していった。

　児童は，東京で一番歴史のある板倉屋さんを見学し，一つ一つ手焼きをしている様子や，戦時下の金属回収を潜り抜けて守った伝統の金型，対面販売にこだわり接客を大切にしていること，江戸時代の日本橋人形町の七福神巡りの七福神がモチーフであることなどの歴史を知り，人形焼こそが東京土産

としてふさわしいという気持ちを強くしていた。

人形焼の見学を踏まえて「お土産の条件」の修正を行なった。「東京産の
ものが入っているは東京では難しいのではないか」「首都の東京は農地は不
足してしまうから東京の産物は入れなくても良い」「産物の代わりに，伝統
の技がその代わりになるのではないか」という意見が出て。意見から「4の
4のお土産の条件」を削減したり，逆に「愛情や情熱を付け加えた方が良
い」という意見が出たりして，自分たちで作ったお土産の条件を更新してい
こうという議論がなされていた。

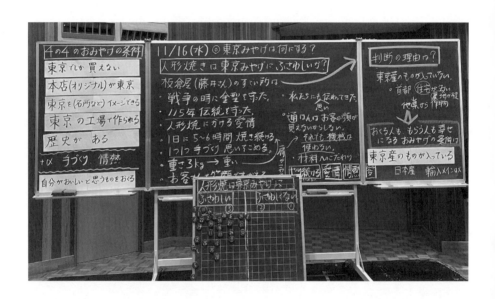

　「人形焼こそが東京土産にふさわしい！」と考えていた児童に，実際には
東京で一番売れているお土産は，東京ばな奈であることを，児童に伝える。
すると「こんなのふさわしくない！」「機械で作っていて愛情がないじゃな
いか」「バナナは東京と関係がないよ」などと，驚きの言葉が広がる。
　自分達が東京土産に一番ふさわしいと考えていた人形焼とは全く異なる価
値を持つ東京ばな奈が一番売れているという事実に出会い，多くの児童が納
得できないと反応する姿が見られた。

しかし，東京ばな奈を調べていくと人形焼とは異なる価値があることに気がついていく。

　東京ばな奈の武田さんのお話を示す。

　東京ばな奈は1991年発売しました。東京に昔からある，雷おこしや人形焼きに変わる「大都会にふさわしいお土産を作ろう」と，強い気持ちを込めて開発しました。開発には３年間かかりました。

　どうして，バナナなのかという質問をよく受けます。バナナは日本原産ではありません。しかし，他の果物では，他の地域を連想してしまいます。リンゴなら青森，ブドウなら山梨という具合に。東京には特産の果物がありません。ですから，地域を想像できないバナナ，だれもが親しんでいるバナナが，大都会東京にふさわしいと考えたからです。

　カスタードに，本物のバナナピューレの組み合わせは，誰もが好きな味です。ヒントはショートケーキです。スポンジ＋クリームはみんなが好きなショートケーキの組み合わせと一緒です。しかし，ただ真似をしただけではありません。ショートケーキは揺れに弱く，消費期限もとても短くて，お土産には向いていません。ショートケーキと同じ組み合わせで，生菓子で，お土産にする。10日間の賞味期限を保つのは大変な努力が必要でした。触感も研究していて，上のスポンジと下のスポンジでは硬さが違うのですよ。かんだ時の触感が滑らかになるようにスポンジを焼き分けています。東京ばな奈は，和菓子なのか洋菓子なのかわからないのも良いと思っています。東京ばな奈でしか味わえない価値があるからです。

　ですから，工場は人の手に触れることのないようにフルオートメーションにしています。最新の設備だと自負しています。品質の安定を心がけ，人の手に頼らないファクトリーオートメーションです。

　現在も日々進化しています。映像を御貸しするのでご覧ください。
（児童は提供を受けた DVD を視聴）

東京ばな奈を作っているロボットは，人間の手で扱うよりも優しく扱えるロボットです。研究を重ねて作り上げました。

　また，工場内は細菌の発生を抑えるために，なるべく人が入らないようにしています。毎ロットごとに細菌量チェックをしています。菌の数は日本の法律よりも厳しく，社内で基準を設けています。もしもの時はロットごとすべて廃棄処分します。お客様の安全が第一です。

　常温10日保存は難しいことです。原料の小麦も菌が少なく異物がないものを使用しています。安全性が高い分，とても高価な小麦を使っています。しかし，それは宣伝に使いません。食品メーカーとして当たり前のことです。身の丈以上の宣伝はしません。絶対に安全な商品だと胸を張れます。私たちの工場は300万個に一つのミスもない工場です。でも最後は人の手でチェックをします。これも大切です。これからも，テクノロジーの粋を集め最新工場を作っていきます。

　誕生から26年。東京のお土産といえば，「東京ばな奈」と言ってもらえるようになりました。これからも，商品の価値を高め，独自のものを作っていきたいと思います。

　近年は，アレルギーで食べられない食品がある方がたくさんいらっしゃいます。特に小麦のアレルギーの方はお困りです。そこで，米粉を使った東京ばな奈を開発しました。アレルギーの方に大変喜んで食べていただいております。また，米粉を使えば，国内の農家の方の支援にもなります。私たちは，日本の文化をリードしていこうという気持ちで努力を重ねています。この先も，皆様の新しい生活スタイルや楽しい生活を支えていければと思います。

　児童は，これまでの認識を揺さぶられお土産の基準を考え直していった。一つの価値にとらわれず，お土産を多角的に考察していくことにつながった。

児童のノート記述

> 　私は東京ばな奈も人形焼もお土産としてふさわしいと思う。最初は伝統・手焼きの人形焼が東京土産には良いと思ったが、東京ばな奈は30年間でみんなに知れ渡ったこと、取材記録で機械づくりだからこそ、清潔でお客様のためとあったことから、機械焼きでも愛情は伝えられると思った。

> 　Aが人形焼は時代遅れといったが、私は半分賛成で半分反対だ。確かに時代遅れかもしれないが、それが伝統をあらわしていると思う。
> 　私は人形焼も東京ばな奈もお土産としてふさわしいので、遠方の人や和菓子が苦手な人には、東京ばな奈、お年寄りには人形焼など、渡す人に合わせて選びたい。

> 　意見のやり取りで、最初は「製造機械に愛情を込めることなんてできるの？」と思っていました。しかし、東京ばな奈の武田さんが「手作りしないのは、お客様に安全な品をお届けするため」といっているコメントを見て、考えが変わりました。板倉屋のように一つ一つ心を込めて手作りするのも愛情。東京ばな奈のように、お客様に安全においしく食べてもらうように機械で作るのもまた別の愛情のかけ方だと思います。だから、評価のポイントはそれぞれだけど、人形焼も東京ばな奈も東京土産にふさわしい品だというのが僕の意見です。

　その後児童は、お土産の条件を修正したり、全国の有名お土産を調べるなど学習を深めていった。そして、23区以外の東京土産はどうなっているのかと問題意識を持ち、東京の特色ある地域を追究していくことにつながった。

第3節

「福島のお米は安全ですが 食べてくれなくても結構です」

5年生

―科学では解けないことがある！社会科を学ぶ意味―

① 分野，領域

5年生　現代社会の仕組みや働きと人々の生活：経済・産業

(2)　我が国の農業や水産業における食糧生産

(5)　我が国の国土の自然環境と国民生活との関連

② 考えたくなるポイント

　「風評被害」とはなにか？風評被害は，必ずしも事実であるという根拠を伴わないまま，世間で取り上げられ広まった情報（風評）によってうける被害のことで，主に根拠の不確かな噂や科学的根拠に基づかない情報に左右されてしまうことである。

　本実践では，福島の米の風評被害を取り上げる。2011年3月11日に起きた東日本大震災とそれに伴う福島第一原子力発電所の事故により，福島県のコメ生産は大きな被害を受けた。稲の作付け制限や風評被害と呼ばれる消費不振によって長年の積み重ねを一瞬にして奪われたのである。実被害として福島県のコメの収穫量は2010年に445700 tで全国4位だったものが，2011年は353600 tと20％余りも減らして全国7位へと後退した。福島県のコメは，玄米段階ですべてが放射能測定されていた。全袋検査では，約1000万袋のうち1 kg当たり100ベクレルの基準値を超える米は2012年度生産分で71袋とされていたものが，数々の努力によって2014年度以降は0袋になっている。100ベクレル以下のコメは数百袋見検出されているが，基準値以下のため流通経路にのせて良いものであるし，検出されたコメを販売する場合は福島農家の

良心からセシウムの検出量を明確にした但し書きが添えられ販売されていたことを考えると，流通されている福島のコメは安全といって良いだろう。

　しかし，実際に消費者の立場に立って買うとなると簡単にはいかない。風評被害である。全袋検査がされていて安全だと分かっていても，食べるとなると購入をためらう人は多いのではないか。福島を支援したい心情はありながらも，購入となるとためらってしまうようである。児童に，福島の農家の一人である三浦さんを紹介し，彼の取り組みを元に福島の農家の現状と努力を学習していく。しかし，福島の農家の方々の苦労にもかかわらず，福島のお米の価格が下がってしまったりと風評被害が起こっていることも学習する。児童は「どうして風評被害が起きるのか？」追究し，考えたくなるに違いない。立場が異なれば，判断や考えも異なる。「安全と安心」，「科学的根拠と人の気持ち」は必ずしも一致しないという風評被害の根本を考えていく。

③ 教材研究

（1）教師の立場からの分析（広げる教材研究）

　今回は原発事故で被災し，故郷を離れた三浦広志さんを取り上げる。三浦さんは放射線の高い南相馬を離れ相馬市に土地を借りて米作りをしている。NPO法人野馬土を立ち上げ，福島浜通りの米や野菜を販売するとともに，浜通りの将来を見据えて政府や自治体と折衝しながら農業を続けている。三浦さんは米が売れないと困る立場にあるのだが，NPO法人野馬土を訪れる消費者が「福島県産以外のコメや野菜がほしい」と要望すれば，自分がおいしいと思っている他県のコメや農産物を斡旋している。さらに，福島の米が安全だとしながらも，「食べてくれなくてもいいんです」とコメントする。甚大な被害を受け，現在も避難生活を続けている苦しい立場にあるはずの三浦さんが，どうして食べてくれなくてもいいとコメントするのか？子どもたちの情意は大きく揺さぶられるだろう。そして，自分の考えを再構成する必要に迫られるとともに，追究意欲を高めるだろう。

　三浦さんのコメントの理由は，彼自身が福島第一発電所の事故直後に一時

期，千葉県に避難していた経験から，人の気持ちである「安心」と科学的な「安全」が別物であると実感を伴って認識しているからである。そして，三浦さんは，南相馬の地を再生可能エネルギーのまちとして再建すべく活動を続けている。水田の上に太陽光パネルを設置して収入を得たり，トレーラーハウスや綿花の栽培など様々な取り組みをしている。社会的な価値創造である。

　三浦さんの活動を学ぶことで，児童は未来のエネルギーやまちづくりという社会的価値創造を学ぶことができると考える。また，風評被害が科学的な「安全」と人の心の「安心」の違いから生まれること，すなわち科学的に証明しても解決できない人の心の問題があることによって，合意や調整を模索し，多様性を認める社会科を学ぶ意味を実感できると考える。

（2）児童の立場からの分析（しぼる教材研究）

　単元全体を通して，児童は福島のお米を食べるかどうかを判断させながら進めていく。学習開始時は，福島の米農家の取り組みや三浦さんの震災直後の様子やその後の取り組みを知ることで，情意を動かし，風評被害の克服をはかろうとするだろう。しかし，消費者の立場に立って，街頭インタビューや自身の保護者の意見から，食べないという判断も，子供や家族のためを思っての判断であることを知る。生産者の立場として形成してきた自分の判断を揺さぶられることになるだろう。そして，実際に福島のご飯を目の前にしたときに，安全だと分かっていてもどこか不安に思ってしまう自分がいることに気づき，安心と安全が異なることを実感し，風評被害克服の難しさや風評被害の克服のためにどうしたら良いのか考えていくことにつながる。そして，風評被害の克服と将来の食糧生産を考えることへと学習を深めることができる。

4 展　開

指導計画（全8時間）

時間	主な活動	指導上の留意点
第1次 「起」 福島第一原発事故で，福島県の浜通り農家さんはどうなったの？	東日本大震災と福島第一原子力発電所の事故はどのようなものだったのか？ 1．南相馬の震災直後と現在の様子を調べる。 2．福島第一原発の事故と放射線について調べる。	○東日本大震災を体験していない児童に，実際に福島に行った映像を使いわかりやすく示す。
	原発事故にあった福島県の浜通りの農家はどうなったのか？ 1．作付面積の変化を調べる。 2．価格の変化を調べ，風評被害について知る。	○2011年をまたぎその後の福島米の価格の変化から風評被害を理解させる。
第2次 「承」 南相馬の米農家三浦さんは，安全な米を作るためにどんなことをしているの？	南相馬で稲作をしていた三浦さんはどうなったのか？ 1．震災当日の三浦さんの行動を知る。 2．震災後の三浦さんの活動，特に全袋検査や天地返しなど，安全な米を作るための取り組みを知る。	○放射線の基準値を超えるお米が見られなくなったことを，詳細表で確かめ，科学的には安全であることをつかませる。
	どうして三浦さんの作ったおコメは安全なのに売れないのか？ 1．自分は食べるか否か価値判断を	○三浦さんに寄り添う児童が多いのだが，どうして食べないの

	する。 2．安全なのに，食べない理由を話し合い，インタビューを行う計画を立てる。	か消費者の立場を考える。
第3次 「転」 安全なのにどうして，福島のお米は売れないの？	どうして福島のお米は売れないのか？　ーインタビューをしてみようー 1．インタビューの方法と話し合う。 2．街頭インタビュー1回目と修正。 （2は総合的な学習の時間）	○インタビューの方法は児童に任せる。修正することで2回目に望ませる。
	安全なのに売れないのはどうしてなのか？　ーその原因を考えようー 1．街頭インタビュー2回目と分析 2．インタビューからわかった消費者の意見を話し合う。	○インタビューをして，多かった意見。少数意見。気になった意見に分類させる。
第4次 「結」 三浦さんが「安全だけれども食べてくれなくて結構です」といった意味は？	消費者が福島のお米を食べない理由をまとめ。風評被害を克服する方法を話し合う。 1．インタビューから分かったことを話し合う。 2．風評被害の克服方法を話し合う。 3．実際の福島のご飯を前にして，すすんでたべるか判断する。	○実際のご飯を前にして，自分たちの考えてきた克服方法にも限界があることを実感させる。
	三浦さんの言葉は矛盾していないのか？　その意味を考えよう。 1．両親の意見を知る。 2．三浦さんが「食べなくても結構	○科学的な安全と，人の心である安心は必ずしも一致しないことに気づかせ，風評

	です」という意味を予想する。 3．三浦さんの考えを知る。	被害についての理解を深めさせる。
	※後日，復興支援をしたいという児童の意見から，お手伝いをしてお小遣いを貯め，「日本橋ふくしま館」で福島米をはじめとする福島県の産物の購入を行った。	

⑤ 考えたくなる授業場面

第4次1時間目の時間は以下のように展開された。

1　児童は三浦さんに寄り添い，消費者の立場から安全なのだから食べるべきだという判断が多い。

2　街頭インタビューの結果を検討する。食べるという意見や放射線を気にしていないという意見があることから，福島米が売れないのは，風評被害ではなく，宣伝不足やスーパーが店舗に置かないことが原因ではないかという意見が出る。

3　スーパーが福島米を置かないのは，市民（消費者）が買わないからだという意見によって，多くの児童がスーパーに原因があるのか，それとも消費者に原因があるのか迷い，両者の立場になって考えることにする。

4　スーパーは何かあったら自分の店の責任だから置かないのだろう。

5　消費者は，「もしも」「万が一」「検査間違いがあるかも」など不安がある。

6　消費者の一人として自分は食べることができるのか再検討する。
（実際に福島のご飯を目の前にして，どのような気持ちになるか考える。）

7　自分は消費する側に立たされると，安全と言われても，不安が残る。

授業の流れの6，7において，児童は福島のご飯を目の前にして，消費者の一人としての判断を迫られることになる。これまで，三浦さんの視点で風評被害を考えている児童が多かったのだが，ここで消費者の立場に立たされることになる。この場面の授業記録は以下のようになる。

1	教師	どうして（消費者は）食べないという判断をするの？全て（1000万袋以上）検査しているんだよ。
2	児童A	僕は福島のお米は安全だとわかっているんだけど，他の人は危ないと思ってしまうんじゃないかな。
3	児童B	（インタビュー結果を元に）福島のお米をたべるよりも他の県のお米を食べたほうがいいと思っている人がたくさんいるからなあ。
4	教師	Bさんの判断はどうなの？
5	児童B	私は，3番（どちらかというと食べてもいい）です。ちょっとだけなんというか…。
6	教師	そのちょっとだけって，何があるの，話せる？ （多くの児童が手を挙げて発言を求める）
7	児童C	お茶碗1杯なら大丈夫だと思うけど，5kgとか袋だと，1粒くらい入っているんじゃないかと心配してしまう。
8	教師	心配なの？
9	児童D	安全なんだけど，なんか心配なんだよね。
10	児童E	心配だったり，怪しいという気持ちがあったりするんじゃないかな。
11	教師	自分は食べるという判断4のFさん。ちょっと前に来て？ （児童Fが教室の前に来る。私は用意してきた福島のご飯を見せる。）
12	教師	これ，今朝炊いてきた福島のご飯ですが，今食べることができますか？

13 児童F　（きっぱり）食べられますよ。

　　　　　（児童Fはご飯を食べようとする，自分も食べたいという児童
　　　　　も多数挙手をする）

14 教師　　これは三浦さんが作ったかどうかはわからないけどね。

15 児童C　じゃあ食べたくない。

16 教師　　Cさんは判断4なのに，どうして今「食べたくない」って言っ
　　　　　たの？

17 児童C　三浦さんのことは勉強したから安全だってわかるじゃないです
　　　　　か？でも，他の農家の人はどうかわからないし，そうしたらち
　　　　　ょっと怖いと思う。

18 児童A　Fさん明日休むなよ。

19 教師　　Fさんは食べてないよ。

20	児童A	あっそうか？
21	教師	今，なんで休むなよって言ったの？
22	児童A	だって，三浦さんのじゃないから安全かどうかわからないでしょ？
23	教師	（全袋1000万袋検査しているデータを指差して）安全じゃないの？ （多数の児童が手を挙げて発言を求める）
24	児童H	もしもとか，万が一がある。
25	児童I	他の人までは信じられないよ。
26	教師	なるほど，では聞きますが，食べない人は悪者でしょうか？ （多数の児童が，悪者ではないと声を上げる。）
27	児童J	それじゃあ買ってもらえないから三浦さんはどうなるのかな？

　この場面で，児童A，児童C，児童Dは，「福島のおコメを食べる」という判断4をしていたのだが，児童Cの発言17「三浦さんのことは勉強したから安全だってわかるじゃないですか？でも，他の農家の人はどうかわからないし，そうしたらちょっと怖いと思う」という発言に見られるように，全袋検査していても不安になる気持ちを述べている。安全と言われても，24の児童Hの発言に見られるように，「万が一」という不安が起きることがわかる。

　この場面を経て，児童の判断は以下のように変化した。

授業開始時点での判断と授業終了時点での判断の比較

福島のおコメを食べますか？				
	4 食べる	3 食べても良い	2 あまり食べたくない	1 食べない
授業開始時 三浦さんの立場に寄り添う児童が多いと考えられる場面	29	2	0	1
授業終了時 消費者の立場で考える児童が増えたと考えられる場面	15	10	6	1

　児童は，教材世界の中での立ち位置を，三浦さん（生産者）の立場から市民（消費者）としての自分の立場に変化して判断した。すると判断に変化が生まれることになった。

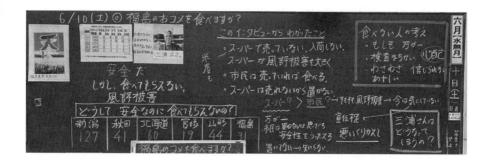

　続く第4次2時間目では，事前に保護者の考えを児童宛に手紙に認めてもらっておき，児童が自分の保護者の判断を知る場面も受けた。保護者の判断

は，「自分は食べても良いが，子供には食べさせたくない」「現在の科学では証明し尽くされていない問題もあるのでは」「他の産地のお米があるのにあえては食べない」という意見や「今回の学習で安全だと思ったので食べてみたい」「子どもの判断を尊重したい」「福島のお米を食べて応援したい」などさまざまな意見が見られた。

　それを読み，児童は自分自身の判断と比べながら，風評被害について考えを深めていった。

> 児童のノート記述
> 　お母さんの意見は「ややたべさせたくない」だった。理由は，放射線の影響は，全て分かってないのではないかという不安があるからだという。私のたべたいという意見とお母さんのややたべさせてくないという意見のどちらも大切にするべきだと思った。

　その後，三浦さんのコメントを資料にして配った。児童は，「福島のコメは安全です。でも，食べてくれなくていいんですよ」という言葉に驚きの声をあげた。

> 　ふるさとの南相馬の小高から相馬に移って，震災の翌年2012年から米を作り続けています。しかし，買ってくれる人はほとんどいない。困っていますけど，
>
> ## 「福島のコメは安全です。でも，食べてくれなくていいんですよ」
>
> やけくそになっているわけではありません。安全な米を作ろうと心がけています。全袋検査を必ずしています。私の直売所「野馬土」には測定器があって全袋検査しています。野菜もです。もし，少しでも出ていたら，その測定値を商品に貼っています。確実に安全です。

田んぼは，表面のセシウムを耕して，下の土と攪拌（かくはん）していきます。地面をひっくり返していくことを天地返しと言います。すると，セシウムの量はぐっと減ります。それを繰り返して，年月が経っていくと，セシウムが表面から20センチとか深いところに沈んでいき，表面は安全になります。大体20年で放射線は影響がなくなります。ですから，地道に天地返しをやっていけば安全な土に戻るということです。成果は確実に表れて，2016年には福島産のコメで，国の基準の100ベクレルどころか，25ベクレル以上の放射能は１つも見つかっていません。1000万袋以上も作っていて０です。安全といって良いのではありませんか？

　私自身，原発事故の直後は福島のおコメを食べることができませんでした。2012年に取れたコメの放射線量を測ったら，国の基準100ベクレルはクリアしていましたが，30ベクレルを越えていたので，まだ安全とは思えませんでした。2013年は10ベクレルを下回る数字になってこれなら大丈夫だと思って私も食べました。実は，北海道に続いて放射線量が低いのは福島だったりするのです。福島の倍くらいの線量のところもたくさんありますので，福島のコメだけが危険だという風にはならないでしょう。私の場合，実際に線量を測定して安全だと言い切れるのですが，「福島のコメだけは買わない」というのが皆さんの考えでしょうね。その気持ちもわかります。事実を知らないということです。結局は自分の目で見ていないのです。

　それに，例え「０ですよ。安全ですよ」と保証しても，判断するのは一人一人の人の心です。福島のコメは確実に「安全」なのです。それを信じられるかどうかは「安心」の問題です。「安全」と「安心」は違うのです。

　私たちにできることは，公表した結果で安心してもらえるようになるまで，測り続けることです。そして，できる限り少ない放射線量を求め続けて栽培していくことです。

福島のコメを食べようと思ってくれるまで，すごく時間がかかると思います。広島が原爆の被害を受けて，危険な場所と言われてから，現在の平和の都市のようになるくらいの時間が必要なのかもしれません。「安心」や「平和」，人の心に関わるものは時間がかかるものかもしれませんね。

　児童は，「科学的な安全」と「人の心の安心」が必ずしも一致しないことを理解し，風評被害の克服の難しさを理解した。社会科を学ぶ意味に触れることができたのではないか。

児童のノート記述

　私は，三浦さんが「食べてくれなくてもいいんです」といった意味が少しわかりました。多分三浦さんは，福島のお米を「復興のために作った私たちの誇りを持った米」だと思っているのではないでしょうか。そして，買う人の心の奥深くにある迷いを受け止めた上で販売しているのではないかと思った。私は，世の中のうわさに迷わされず，自分の意見を大切に持っていこうと思いました。

　その後，児童はお手伝いをして貯めたお金で福島のアンテナショップにお米をはじめとする福島県産のもの（食品，非食品をふくめて）を購入する活動を行うなど，自分にできることを行なうなど主体的な追究活動を続けていった。

「個別最適な学び」と「協働的な学び」で 見方・考え方を育成する コラム

「クラウドファンディングで起業しよう」（5年生）

1 「個別最適な学び」と「協働的な学び」を考える

　中央教育審議会より出された「『令和の日本型学校教育』の構築を目指して」には，「個別最適な学び」とともに「協働的な学び」が示されている。要点は，「個別最適な学び」だけでなく「協働的な学び」も併記されていることである。併記された理由は，これまで以上に「個に応じた指導」を重視する必要性が述べられながらも，「個別最適な学び」が「孤立した学び」にならない様にという意図があるからであろう。

　白水始は次の様に述べている。「認知科学の立場からすると，「人はどう学ぶか」と聞かれれば，自分の経験から学ぶメカニズムと他者から学ぶメカニズムの両方で学ぶのは間違いないこと」と，学びが孤立しては成立しないことを指摘している。GIGA構想による一人一台端末によって，授業において，個別最適な学びの時間に傾倒することを危惧し，「対話の中で一人ひとりに必要な学びが可能になる。その様な機会がなくなることを強く懸念する」と述べている。

　社会科授業で議論をしていると，一人の子どもの発言が議論の流れを立ち止まらせたり，視点を変えたりする経験をすることが度々ある。その日の授業後の感想や振り返りには，「最初は○○だと考えていたが，Aさんの意見を聞いて□□もあるなと，自分の考えを▲▲にしました。」という記述をすることも珍しくない。協働的な学びによって，自分にはなかった他者の意見によって，新たな視点を獲得して自分の考えを深めていくことができる。この様な経験からも，教室での学びを成立させる上で，「個別最適な学び」だけを取り出して語ることはできず，白水が指摘する様に，学びが自分と他者から成立していることを自覚して，授業を構成して行かなければならない。

だからといって「これまで通り」の一斉授業を行なっていれば良いことにはならない。「個別最適な学び」を，自分の授業（一斉指導）を再点検する機会として前向きに捉えたい。

　加藤幸次は，今日行われている授業が「同一課題，同一歩調，同一教材，同一結論」という同一性という骨格を持つと指摘し，その改善案として子どもたち一人ひとりの興味や関心に応じて課題を選ぶ「課題選択学習」と課題を自分たちで設定していく「課題設定学習」を提案している。子どもたちの「到達度」「知識獲得までの学習時間」「学習適正」「興味・関心」も考慮に入れる必要があるとし，これまでの一斉授業を見直す視点を提案している。

　そこで，今回は白水，加藤の二人の指摘を踏まえ，5年生「農業」の学習において，以下の様な授業を実践した。

2　具体的な実践

五年生「農業で起業しよう　クラウドファンディングで未来を開く」

(1)　単元の展開

① 　自分の好きな農産物を選び，農家として起業しよう　1時間

② 　自分でクラウドファンディングの表紙と目次を作る。　2時間

③ 　友達と交流する。　1時間

④ 　自分の作品を修正する。　1時間

⑤ 　ファンディングで出資者を募ろう　1時間

(2)　指導の意図

　個別の興味・関心を尊重して，一人ひとりが好きな農産物について調べる。農産物と産地を活性化するために，指示を得るクラウドファンディングの仕組みを教え，資金獲得のためのアピールするHPを考える。一人ひとりが興味に応じて，作物や栽培地域，方法選択する学習と友達と交流する場面の2つを組み合わせて「個別最適な学び」の場を作り出す。

　特に，友達の視点を取り入れるために，協働的な学習も行う。①美味しさ

②生産方法③環境負荷④安心安全⑤地理的特性など，自分の作物をアピールする視点は人それぞれである。また，効果的に表現して出資者を増やせる様に自分の考えを修正していく。完成したものを掲示し，自分以外のクラスの友達に資金を提供する。

(3) 授業の実際
①興味のある生産物と産地を選ぶ（個別最適な学び）

　「農業で起業しよう」という課題を示すとともに，資金をクラウドファンディングで集めることを伝える。「起業」に興味を持つ子どもは想像以上に多い。次に，クラウドファンディングの仕組みを教えるために，実際に出資を集っているクラウドファンディングのHPを閲覧する。HPの「扉」には，キャッチコピーと印象的な写真が飾り，それ以降には，「目次」に沿って農業の特色が示されている。そこで今回の学習では実際のHP同様に，「扉」と「目次」を作り出資者への説明事項を考えようと伝える。

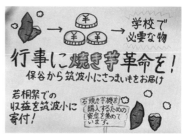

　次に，自分が栽培する作物と栽培地，そしてこだわりを決める。すでに学習した稲作学習の成果を活かして，地理的条件や生産の工夫，輸送などの視点を生かしてノートにまとめていく。

都内の食べ物に困っている子供たちに、栄養価の高いたまごを届けたい!!!

②友達と交流する（協働的な学び）

　一人ひとりがまとめたHPの1面と目次の案を交流する。最初に班の4人で交流する。必ず，良い点と課題を述べる様にする。その後に班の代表1名，合計8名が全員の前で発表する。ここでも，同じ様にアドバイスを送り合うことにする。他者からもらった意見をもとに自分の作ったHP案を振り返り，修正を加える。

③視点の多角化と「見方・考え方」

　全員の児童が，交流後に HP 案を修正した。「貧困」や「持続可能」など，今日的な課題を克服するための話との物語性のあるアピールは，読んでいて興味深く出資したくなる。感じたことは子どもたちも同じで「SDGs など地球の問題を入れると内容が気になり，応援したくなる」「メッセージを入れると気持ちが伝わってくる」「データや口コミを入れるとわかりやすい」など感想を述べあった。本時でのアドバイスをもとに，子どもたちは新たな視点を取り入れて，再度調べ学習を行い，起業の内容を工夫していった。

④クラウドファンディングの HP を作ろう（個別最適な学び）

　自分の HP を作成する。分量に大きな差が出ることが懸念されたので，1枚目をキャッチコピーなど扉とし，2枚目を目次とし，内容は3枚でまとめることとした。3枚で収まらない場合もあるだろうが，大切な視点を選ぶことも大切だと伝えた。

⑤友達の事業に出資しよう

　完成した HP を机の上に置いて見て周り，全員でも周る時間を作った。出資は一人百万クラスエンとし，それを一万クラスエンにわけて出資することができるというものである。また，自分席の隣のお友達には必ず良さを認めるコメントを付箋に書いて贈り，そのほかのお友達には，任意で自由に付箋にコメントを書くことにした。それらのコメントを読んで学習を振り返り，単元を終えることにした。

　「個別最適な学び」を孤立させた学びにしないために「協働的な学び」の良さを生かすことを考えた本実践において，いちご好きの子どものいちご栽培へのこだわりや安全な肥料へのこだ

わりなど一人ひとりの興味・関心に応じた学習を行うとともに，友達と交流することで，自分にはなかった視点を取り入れ，学びを深めていく姿が見られた。特に友達との交流で得られた自分にはなかった視点の獲得は「見方・考え方」は育てるものであることを改めて実感できる学習となった。

　教材としたクラウドファンディングでの資金調達の方法も，子どもたちは社会への理解を広げていた。この分野は保護者の興味・関心も高い為，家庭でたくさん会話をしたという児童や一緒に調べたという児童も多く，充実した学びとなったのではないか。

※白水始，加藤幸次の論考は，『教育研究』2021年8月号　（初等教育研究会）に掲載されている。

第4節 ✎

6年生

「大仏が今も大切にされているわけ」

―昔も今も大切な自治の力―

1 分野，領域

6年生　歴史と人々の生活：日本

　　(2)　我が国の歴史上の主な出来事

2 考えたくなるポイント

　現在も年間300万人をこえる拝観者数を誇る東大寺だが，周知のようにその歴史は大変古い。728年，聖武天皇は幼くして亡くなった皇子の菩提を追修するため，若草山の麓に金鍾山寺を建立させたことが起源であるというから，1300年に迫ろうとする歴史を有する。東大寺に建立されている大仏は，聖武天皇が大仏建立の詔を出した743年から大仏開眼式の752年を完成とした場合，約9年に及ぶ大事業であった。大仏そのものの高さは，15m（台座を含めると18m）建設費用は，現在の価値で数百億円と言われており，労働人員は延べ260万人を超えるとされる。当時の人口がおよそ600万人から700万人と言われているから事業の巨大さは想像もつかない。

　このような巨大で高価な大仏を聖武天皇はどうして建立しようと思ったのか？

　聖武天皇の大仏建立の詔に「天下の富と権威をあわせ持つ者は私である。この富と権威とをもってすれば，尊像を造ることは困難ではない」という意味の記述がある。聖武天皇が行なった度重なる遷都や国分寺，国分尼寺の造営などと合わせて考えると，聖武天皇は強大権力の象徴と考えてしまう。

　それに対して，聖武天皇の大仏づくりに協力した行基は，僧侶は寺社の中

170

にこもり，国家の安泰を願うために活動するとされていた（鎮護国家）奈良時代に，市井に飛び出し，庶民とともに生き，仏教を広めていく。律令に背く行基の活動は朝廷から名指しで非難されるなど厳しい弾圧を受ける。しかし，屈することなく人々のための教えを貫いた行基は庶民の支持を得ていく。そんな庶民と共にあった行基がどうして聖武天皇の大仏づくりに協力したのだろうか？

　大仏建立に関わる２人の中心人物である聖武天皇のストーリーと行基のアナザー・ストーリーを追う中で，２つの問が解決されていく。

幼い時から期待されて天皇になった聖武天皇。度重なる災害や飢饉、反乱から国を守るために遷都や国分寺建設などの事業を行うがうまくはいかない。悩みの中、行幸先の大阪で見たものは・・・。

三蔵に直接学んだ師の道昭の影響を受け、民衆のために活動し民衆とともに歩む道を選んだ行基。朝廷から弾圧を受け、平城京から追放される。それでもあきらめず大阪で活動を続けていると・・・。

（1）教師の立場からの分析（広げる教材研究）

　一見，巨大な権力を誇示したかに見える聖武の大仏建立事業だが，教材研究が深まるにつれて別の見方ができるようになっていく。

　『続日本紀』において聖武天皇は，即位時に「国土と天下を立派に治め，その公民を慈しもうと思う」と述べ，732年には飢饉に苦しむ人々の様子に「責めはわれ一人に在り」と統治者として悩みを吐露している。天皇が当時の庶民の生活の様子をどれほど知りえていたかはわからないのだが，度重なる氾濫や飢饉に苦しむ天皇の姿が伝わってくる。そんな，悩みが深くなった聖武の前に現れたのが行基である。

　奈良時代は公地公民制のもと，庶民は重税や労働に苦しめられていたことは貧窮問答歌などで伝わってくる。朝廷の弾圧に屈することなく庶民のための仏教の布教を貫いた行基は庶民の支持を得て，行基が声をかければ数千人が集まったと言われた支持者によって，49院・6橋・15池・9布施屋・道・溝・樋・堀・船着き場などを作っていった。社会に貢献する活動を行った先駆的な事例であり，現在においても通じる価値がある。

　そのころの聖武天皇は，反乱から身を守るために平城京から各地を転々としていく。反乱や天災に心を痛める天皇は行幸の最中に河内の知識寺で見事な大仏を目にする。大仏とは釈迦の等身大よりも大きい仏像を指していう。その異様に見ほれる以上に，大仏作成が人々の寄進・協力によること（知識）に感銘をうける。一人の権力ではなく，多くの人々の願いを束ねた力で作成された大仏の魅力に引き付けられた天皇は，国を救うには知識の力で作った大仏が必要と考えるようになる。ここで，行基との接点が生まれた。聖武天皇は，行基を大僧正に据えて大仏建立を進めていくのだが，天皇の思いとは裏腹に，費用や人員は巨大となり，国家や人民の負担になったことだろう。行基は大仏建立に仲間たちを動員していくが大仏完成前に命が尽きてしまう。病弱だった聖武天皇も一時は危篤になり大仏の開眼式は前倒しで行わ

れる。こうして完成を見た東大寺の大仏だが，その後大仏は破壊と再生を繰り返す数奇な運命をたどっていく。このように「知識」という主体的な善行意志が大仏づくりの根底にあり，行基の事業との接点と成し得ることは，社会的価値創造に照らし合わせたときに有効な教材となると考える。

（2）児童の立場からの分析（しぼる教材研究）

　児童の立場に立ったとき，奈良時代の律令制度，特に租庸調をはじめとする税の重さや万葉集に収められた貧窮問答歌や防人の歌から，庶民の暮らしの大変さを実感することができる。特に，その時の長屋王らの貴族の生活との比較は児童の情意を揺さぶるだろう。また，このような庶民にとって大変な時代に，聖武天皇が大仏建立の詔を出したことに規範意識を動かされるに違いない。しかし，聖武天皇の生い立ちやたびたびの災害や飢饉，反乱に見舞われ，幼い我が子を亡くした半生を調べると聖武天皇の政策に対する考えも次第に変化してくるだろう。

　次に行基であるが，常に庶民と共にあり，民衆のための布教を続けた行基だったが，平城京が整備され，僧尼令（律令）に基づく秩序が形成されていくと，行基集団は，支配層（天皇・朝廷）から危険な存在として扱われるようになる。717年と722年の2度にわたり行基に弾圧が加えられた。行基を「小僧行基」と名指しし，その布教活動が律令違反だと糾弾され，2度目の弾圧ではついに，平城京から追い出されてしまう。平城京を離れた行基は55歳になっていた。この当時としてはかなりの高齢である。老境を迎えての挫折であった。しかし，行基は民衆とともにある自分の仏教を捨てることはなかった。行基は故郷の河内（大阪）に戻り，旧知の人々が暮らす地域で布教活動を続けていた。寺院だけでなく，池・溝・布施屋などの人々の役に立つものも建設していた。行基が建設した大野寺の瓦に「もろともに知識にはいる」という文字が記されている。「知識」とは，僧に従って善行をなすこと，またはそうした人々のことを言う。進んでよい活動をする人という意味である。つまり，大野寺が行基とそこに集まる人々，知識の力で築かれたことを

示し，そこに記された名前の数々は知識の人々だと考えられる。

　そんな行基の行う知識の力に目をつけた聖武天皇は，今度は行基に協力を求めていく。

　仏教の教えを受けながらそして，律令時代の天皇として権力を握りながらも知識の力に気づいた聖武天皇と，国家に弾圧されながらも庶民とともに歩んだ行基。大仏建立を行った2人の人物を追うことで奈良時代に律令国家を目指した国づくりとその限界，そして庶民の生活が見えてくるのではないか。それは，子どもたち一人ひとりの奈良時代の歴史像の形成を促し，歴史を学ぶ意味を見出していくことにつながると考える。

④ 展　開

指導計画（全8時間）

時間	主な活動	指導上の留意点
第1次 「起」 奈良時代の 天皇の力は どれくらい 大きかった の？	巨大な平城京を作ることができたのはどうして？ 1．奈良時代の都平城京と飛鳥時代の飛鳥浄御原宮の大きさを比べ，どうしてこのような大きな宮殿が作れたのか調べる。 2．律令制，特に税制について調べる。	○平城京と飛鳥浄御原宮を比べることで，国の仕組みに変化が起きたことを感じさせる。
	どうして巨大な大仏は作られたのか？ 1．貴族の生活と庶民の生活を調べ，庶民の生活が厳しかったことを知る。 2．聖武天皇の大仏建立の詔を読み，	○貧窮問答歌や防人の歌を参考に，庶民の生活の厳しさを実感させる。

		自分の考えを持つ。	
第2次 「承」 どうして聖武天皇は大仏づくりを進めたの？	聖武天皇の一生は？ 1. 資料集の人物事典と聖武天皇の年表から，聖武天皇の一生を調べる。 2. 聖武天皇の一生について自分の考えをまとめる。		○聖武天皇の一生は事実を元に箇条書きした年表を作ることで，聖武天皇の気持ちや立場を考えさせるようにする。
	聖武天皇はどうして大仏建立をすすめたのか？ 1. 前時にまとめた聖武天皇の一生への自分の考えを元に発表する。 2. 最初に聖武天皇の立場に立って考え，次に庶民の立場に立って考える。		○聖武天皇の立場から大仏建立を考える。理解を示す児童も多いだろう。次に庶民の立場に立たせて考察することで大仏づくりを多角的に考えさせる。
第3次 「転」 大仏づくりに協力した行基とはどんな人物？	大仏建立に協力した行基ってどんな人？ 　　資料集の人物事典と行基の年表から，聖武天皇の一生を調べる。 2. 行基の一生について自分の考えをまとめる。		○行基の一生は事実を元に箇条書きした年表を作ることで，行基の気持ちや立場を考えさせるようにする。
	行基はどうして大仏づくりに協力したのか？ 1. 前時にまとめた行基の一生への自分の考えを元に発表する。 2. 行基の立場に立って考え，次に庶民の立場に立って考える。		○民衆の側に立ち，本人も弾圧されたにも関わらず，大仏づくりに協力したのはなぜかという視点で考察するようにする。

第4次 「結」 その後の大仏はどうなって現在までつながるの？	どうして，行基は大仏づくりに協力したのか話し合う。 1. 聖武天皇の年表と行基の年表から2人の接点を見出す。 2. 知識寺の共通点から，聖武天皇の考えや心情を予想する。 3. 行基の立場に立って，聖武天皇に協力を依頼されたらどうするか考える。	○知識寺を接点として，両者が結びついた話を元に，主体的善行意志である知識について話し合いの視点を持たせる。
	大仏は，どのようにして現在まで続いてきたのだろうか。 1. 大仏の現在までの経緯を調べる。 2. 何度もの危機を乗り越えた理由を話し合う。 3. 大仏が現在まで続いてきた理由をまとめる。	○その後の大仏の経緯を調べ，国家だけでなく，人々の自治の力が大仏を今日まで支えてきたことに触れさせる。

⑤ 考えたくなる授業場面

　第4次1時間目において，「どうして行基は大仏づくりに協力したのか」という学習問題を設定して，聖武天皇と行基の接点を見出す学習をした。

（1）聖武天皇のストーリーを学ぶ

　聖武はどうして大仏建立にこだわったのか。聖武天皇の業績を年表にしたものを資料にして考えた。

　聖武天皇のしたことをまとめていくと，遷都も4回，国分寺や国分尼寺などの建設など，大規模な事業が多い。どうしてそのような大規模な事業が多いのか？教科書には「仏教の力で国を治めようとした」と記されている。さ

らに，聖武の時代には都をはじめ全国で疫病が流行し，貴族が反乱を起こし，災害が多く起こるなど大変な時代だったという。「聖武天皇は藁をもすがる思いで事業を立て続けに行ったのではないか？」「もう仏教しか頼れなかったのではないか？」「どうしていいかわからない，パニックになったような感じなのかな？」など当時の状況も知りながらも，「やりすぎではないか」という意見が多い。その背景には，奈良時代の律令では，農民に厳しい税が課せられ，山上憶良の貧窮問答歌を学んだからだろう。

（2）行基のアナザー・ストーリーを学ぶ

　聖武の年表の中に，大仏づくりを助けた行基の記載がある。そこで行基について調べる。平城京には納税や労働のために地方から多くの人々が集まっていた。彼らの中には道中に金を使い果たし途方に暮れる者や健康を害して故郷に帰ることができない者もいた。行基は人々を救うために寺院を開き，仏教の教えを広め，道路や救済施設を作っていった。しかし，国家は「僧侶は寺院の中にあるもの」として従わない行基を弾圧し，平城京から追放する。しかし，行基は屈せず故郷の大阪に戻り，布教活動や橋や道など人々のためになる事業を進めていく。子どもたちは行基に共感する一方で大きな疑問も生まれる。「どうして，弾圧されたにもかかわらず，聖武天皇を助けたのか？」全く異なる道を歩んできた聖武天皇と行基はどうして手を結ぶことになったのか子どもたちは考えを巡らせていく。

（3）大仏とは何か？二人の接点を考える

　聖武天皇の大仏建立の詔の原文を見ていくと少し驚かされる。それは大事業を繰り返し行ってきた強い天皇像の一端がくずれていくからだろう。例えば次のような記述がある。

・朕は徳の薄い身でありながら，かたじけなくも天皇の位を受け継ぎ，その志は広く人民を救うことにあると，努めて人々を慈しんできた。

・天皇としての富と権力によって，この大仏を造っては，成就への道は平ら

かだろうが，大願は果たされまい。また徒に民に労苦を強いてはこの事業の神聖な意義は失われよう。

・従って，この事業に参加する者は心からの至誠を持って大きな幸いを招くよう廬舎那仏を敬い，自らの意思で造立に従事するように。

　これを読むと児童は揺さぶられていった。「聖武天皇は民衆の意思で大仏を作ってもらいたかったんだ」「無理に作らせようとはしていない」

　聖武天皇が大仏建立を思い立ったのは，河内の国に行幸した際に，知識寺の大仏を見たからだという。その大仏は人々の善行意思（知識の力）で建立されたという。聖武天皇はいたく感銘を受けて，自分もこのような大仏を造りたいと思ったという。（「聖武天皇と仏都平城京」　吉川真司　講談社学術文庫）聖武が知識寺の廬舎那仏が気に入ったのは，仏像の立派さに心ひかれたのだろうが，民間の技術や財力，人民の結合力も聖武の心をとらえたに違いない。（「行基」井上薫　吉川光文堂）そして，河内の国は平城京を追われた行基が布教に努め，民衆とともに活動した土地でもある。そして，聖武天皇は行基に協力を求め，行基から受戒を受け，死の前年にも知識寺を訪れている。聖武天皇と行基を結ぶ接点が見えてくる。

　児童は，「行基は民衆の味方だと思っていたけど，聖武天皇の側でもある気がしてきた」「仏教の教えを広めるという行基の目的と聖武天皇の考えは

似ていると思う」「大仏は人々の思いを結んでいるのかな」と大仏建立の意味を掘り下げていった。大仏建立を多角的に考えることができたのではないか。

---

i　浦安市 HP より（https://www.city.urayasu.lg.jp/shisei/profile/rekishi/1001469.html）閲覧日：2024年3月14日

　　「本州製紙江戸川工場の悪水放流により被害を受けた浦安の漁民が同工場に乱入して起きた大乱闘事件です。昭和33年4月7日，旧江戸川の水が本州製紙江戸川工場からの排水で黒く濁り，浦安沿岸から葛西沖にかけて海水が変色，魚介類の大量死滅が見られました。

　　驚いた漁民たちは直ちに会社側との折衝や関係官庁への取り締まり陳情を開始。しかし，問題解決のきざしはなく，被害は広がり続けました。

　　業を煮やした漁民代表800人は6月10日，国会と都庁に陳情を行い，帰路，工場に向かいましたが，工場側は面会に応じないばかりか，監督官庁から出されている中止勧告を無視して操業を続行。このため漁民はついに工場内に乱入し，工場側の要請した機動隊と衝突。漁民から重軽傷者105人，逮捕者8人，そのほか負傷者36人を出す大乱闘事件に発展しました。」

ii　東京都港湾局編『東京港史』第3巻回顧，1994，p142

　　北見俊郎・奥村武正編著『都市と臨海部開発』成山堂書店，1977

iii　関口雄三『「ふるさと東京」再生：本当の豊かさとはなにか。次世代の子どもたちに残し，伝えたいもの』幻冬舎，2018

iv　NPO 法人ふるさと東京を考える実行委員会 HP より http://www.furusato-tokyo.org/kaisuiyoku.html　閲覧日：2024年3月14日

v　長田健一「論争問題学習における授業構成原理の「熟議的転回」」全国社会科教育学会『社会科研究』第80号，2014

【参考文献】

【あ】

・池野範男「批判主義の社会科」『社会科研究』第50号，1999

・岩田一彦『社会科授業研究の理論』明治図書，1994

・宇野重規『民主主義とは何か』講談社現代新書，2020

・内海巌編『社会認識教育の理論と実践―社会科教育学原理―』葵書房，1971

・遠藤利彦『「情の理」論　情動の合理性をめぐる心理学的考究』東京大学出版会，2013

・大友秀明「社会科の授業と教材―長岡・有田論争―」『埼玉大学教育学部附属教育実践総合センター紀要』15，2016

・岡田泰孝『政治的リテラシー育成に関する実践的研究―小学校社会科における内容・方法・評価のあり方―』東洋館出版社，2021

・小熊英二『社会を変えるには』講談社現代新書，2012

【か】

・粕谷昌良「社会参画を見据えた実践例から見えてきたもの：小学校3年生「残したいもの伝えたいもの」23区に海水浴場を取り戻せ」『新地理』65(1)，2017

・粕谷昌良「風評被害から実感する社会的ジレンマ〜5年生　「福島のおコメは安全ですが，食べてくれなくても結構です」に込められた願い〜」全国社会科教育学会，第67回全国研究大会，自由研究発表（口頭）Ⅱ，第13分科会，2018

・粕谷昌良『アナザーストーリーの社会科授業　異なる立場から多角的に考える力を育てる』学事出版，2019

・粕谷昌良「教材世界における児童の立場と当事者性の検討―5年生福島のおコメと風評被害実践を通して―」第73回日本社会科教育学会全国研究大会（筑波大会）にて発表，2023年10月29日

・かたやまいずみ『福島のおコメは安全ですが，食べてくれなくて結構です。三浦広志の愉快な闘い』かもがわ出版，2015

・唐木清志『子どもの社会参加と社会科教育』東洋館出版社，2008

・唐木清志『公民的資質とはなにか社会科の過去・現在・未来を探る』東洋館出版社，2016

・関原賢秀・岡崎浩幸「コルトハーヘン「８つの問い」を活用した授業改善：中学校英語教師の授業実践を通して」『富山大学人間発達科学部紀要』15(2)，2021

・北俊夫『社会科学力をつくる“知識の構造図”』明治図書，2011

・北見俊郎・奥村武正編著『都市と臨海部開発』成山堂書店，1977

・木村博一「初期社会科の統合理念とカリキュラムの実像―『学習指導要領社会科編Ⅰ（試案）の編成の特質―』『教育学研究』第68巻２号，2001

・国立教育政策研究所のプロジェクト研究『学校における教育課程編成の実証的研究』（平成二十九年度から令和三年度）

・国立教育政策研究所『「指導と評価の一体化」のための学習評価に関する参考資料　小学校社会』2020

・小林信郎『社会科研究入門』明治図書，1969

【さ】

・斉藤幸平『人新世の「資本論」』集英社新書，2020

・佐藤浩輔・大沼進「公共的意思決定場面において当事者性と利害関係が信頼の規定因に与える影響」『社会心理学研究』29(2)，2013

・佐藤学『学びの快楽』世識書房，1999

・社会認識教育学会編『小学校社会科教育』学術図書出版社，2010

・関口雄三『「ふるさと東京」再生：本当の豊かさとはなにか。次世代の子どもたちに残し，伝えたいもの』幻冬舎，2018

・関澤純「「風評被害」という言葉の罪と罰―「トリチウム水」強制放出をどう考える？―『リスク学研究』32(1)，2022

【た】

・棚橋健治『社会科の授業診断　よい授業に潜む危うさ研究』明治図書，2007

・谷川彰英『戦後社会科教育論争に学ぶ』明治図書，1988

・東京都港湾局編『東京港史』第３巻回顧，1994

・東京都水道局建設公務課『利根川水系高度浄水100％施設整備事業誌』2017

【な】

・中西仁「「福岡駅」実践を読み解く―社会科実践記録の資史料批判的研究の試み―」『立命館産業社会論集』第55巻第2号，2019

・日本社会科教育学会編『新版 社会科教育事典』ぎょうせい，2012

【は】

・ロジャー・ハート（木下勇・田中治彦・南博文監修，IPA日本支部翻訳）『子どもの参画 コミュニティづくりと身近な環境ケアへの参画のための理論と実際』萌文社，2000

・橋本祥夫「問題解決学習における問題意識と学習問題に関する一考察―初期社会科の「切なる問題」の再提起―」『心理社会的支援研究』第4巻，2013

・馬場四郎「第四分科会社会科教育」日本教職員組合『日本の教育第六集』国土社，1957

・藤井千春「学習活動における情動の意義についての考察」『教育研究』78(2)，2023

【ま】

・前田涼太・塩沢健一「18歳選挙をめぐる課題と若者の投票率・政治意識―国政選挙における都道府県別の投票率および世論調査データをもとに―」『地域学論集』（鳥取大学地域学部紀要）第15巻第3号，2019

・水山光春「合意形成をめざす中学校社会科授業―トゥールミンモデルの「留保条件」を活用して―」『社会科研究』第47号，1997

・溝口和宏「開かれた価値観形成をはかる社会科教育：社会の自己組織化に向けて―単元「私のライフプラン―社会をよりよく生きるために―」の場合―」『社会系教科教育学研究』第13号，2001

・村上忠幸・清水凌平「コルトハーヘンのコア・リフレクションに関する一考察」『教職キャリア高度化センター教育実践研究紀要』（京都教育大学）3，2021

・森分孝治『社会科授業構成の理論と方法』明治図書，1978

・森分孝治『現代社会科授業理論』明治図書，1984

・森分孝治「問題解決学習の成立―「郷土の輸送」（『補説』）から「福岡駅」（谷川実践）へ」『社会科教育研究』№79，1998

・文部省『学習指導要領社会科編（試案）』1947

・文部科学省『小学校学習指導要領（平成29年告示）解説　社会編』2017

・国立教育政策研究所『社会科系教科のカリキュラムの改善に関する研究—歴史的変遷⑴』
　2001

【や】

・山根栄次「社会集団拡大法の論理—「同心円的拡大論」の再構成—」『社会科教育研究』第48
　号，1982

・吉村功太郎「合意形成能力の育成をめざす社会科授業」『社会科研究』第45号，1996

【著者紹介】
粕谷　昌良（かすや　まさよし）
筑波大学附属小学校教諭。1975年千葉県生まれ。山梨県公立小学校，千葉県公立小学校教諭を経て，現職。
日本教育公務員弘済会千葉支部教育実践論文大会最優秀賞受賞。月刊誌『社会科教育』（明治図書）にて連載中。

粕谷昌良の「考えたくなる」社会科授業

2024年7月初版第1刷刊	©著　者	粕	谷　昌	良

発行者　藤　原　光　政
発行所　明治図書出版株式会社
http://www.meijitosho.co.jp
（企画）及川　誠（校正）安田皓哉
〒114-0023　東京都北区滝野川7-46-1
振替00160-5-151318　電話03(5907)6703
ご注文窓口　電話03(5907)6668

＊検印省略　　組版所　長野印刷商工株式会社

本書の無断コピーは，著作権・出版権にふれます。ご注意ください。

Printed in Japan　　　　ISBN978-4-18-263523-6
もれなくクーポンがもらえる！読者アンケートはこちらから→